YTN사이언스 〈다큐S프라임〉

예측할 수 없는 미래 사용 설명서

예측할 수 없는
미래 사용 설명서

초판 1쇄 발행   2022년 05월 20일

지은이   YTN사이언스 〈다큐S프라임〉
발행인   곽철식
펴낸곳   ㈜ 다온북스

책임편집 김나연
원고정리 김나연
디자인   박영정
인쇄와 제본 영신사

출판등록   2011년 8월 18일 제311-2011-44호
주소   서울시 마포구 토정로 222, 한국출판콘텐츠센터 313호
전화   02-332-4972   팩스   02-332-4872
전자우편   daonb@naver.com

ISBN 979-11-90149-80-8 (04320)

YTN사이언스 〈다큐S프라임〉

예측할 수 없는
미래
사용 설명서

YTN사이언스 〈다큐S프라임〉 지음

다온북스
DAON BOOKS

일러두기

- 영어 및 역주, 기타 병기는 본문 안에 작은 글씨로 처리했습니다.
- 외래어 표기는 국립국어원의 규정을 바탕으로 했으며, 규정에 없는 경우는 현지음에 가깝게 표기했습니다.
- 기관 및 기업체명은 YTN사이언스 〈다큐S프라임〉 방영본에 따라 표기했습니다.
- 이미지 및 그래픽 통계 출처는 그림 하단에 표기했습니다.

시대는 변화를 요구하고 현재 전 세계는 1초마다 변화하고 있다.

거대한 흐름 속에서 발맞춰 발전하는 미래산업 게임 체인저,

그 속에 숨은 의미와 다양한 사람들의 삶을 들여다볼 차례다.

1장

가상과 현실을 잇는
메타버스
(Metaverse)

초현실 세계가 온다

코로나19 팬데믹 상황과 첨단 정보통신기술의 발달로 차세대 플랫폼인 메타버스(Metaverse)가 급부상하고 있다. 확장·진보된 VR(Virtual Reality, 가상현실)과 AR(Augmented Reality, 증강현실) 기술이 가상 세계와 현실의 장벽을 무너뜨리면서 우리의 환경이 빠르게 변화하고 있다. 완전한 메타버스 세상을 이루기 위해선 통신 속도와 장비의 성능, 보안 강화, 사회적 기반 조성 등 풀어야 할 과제가 많은 것도 사실이다.

그렇다면 메타버스라는 신산업이 가져다줄 미래는 어떤 모습일까? 다가온 초현실 세계에 가상과 현실을 잇는 메타버스 세계에 대해 알아보자.

생활 속으로 들어온 메타버스

코로나19의 확산으로 오프라인 만남이 줄어들고 온라인 공간에서의

예측할 수 없는 미래 사용설명서

소통이 자연스러워진 요즘, 특히 메타버스를 활용하는 사람들이 빠르게 늘고 있다. 현재 대학교에 재학 중인 세 학생은 최근 자주 만나지 못한 아쉬움을 달래기 위해 메타버스 공간에서 만나기로 했다. 세 학생은 박물관에서 만나 유명작품을 배경으로 기념사진도 찍는다.

메타버스라는 가상공간에서 우리는 문화를 비롯한 정치, 경제, 사회 분야의 다양한 활동을 자유롭게 할 수 있다. 나를 닮은 3D 아바타 캐릭터는 박물관도 관람하고, 쇼핑도 하며 내가 지금 하지 못하는 것들을 대신 경험해 준다. 수백만 가지 아이템으로 아바타를 꾸밀 수 있고 다양한 맵에서 전 세계 친구들과 어울릴 수도 있다. 최근에는 현실 세계에서도 볼 수 있는 다양한 유명 브랜드가 가상공간 안에 놀이 공간, 팝업스토어 등을 오픈하고 새로운 맵을 만들어 전 세계 이용자들과 소통하고 있다. 세 학생은 한강공원을 누비며 수다도 떨고, 맛있는 음식을 먹고 공연도 보며 새로운 추억을 만든다.

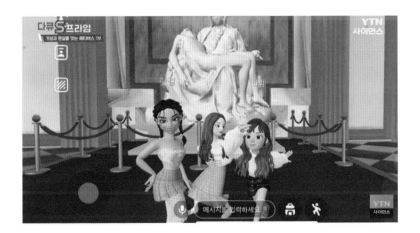

박예지 / 대학생

"메타버스 자체가 가상 세계인데 한국의 유명 관광지나 랜드마크가 실제와 비슷하게 구현이 되어있다는 점에서 '기술이 정말 많이 발전했구나.'라고 느낄 수 있었습니다. 쇼핑도 가고 사진도 찍고 하는 것들이 실제 상황이랑 다를 바 없어서 신기했고 또 재미있게 했던 것 같습니다."

오동휴 / 대학생

"차박(여행할 때 자동차에서 잠을 자고 머무르는 캠핑 용어)이나 캠핑장 맵이 SNS 감성처럼 잘 꾸며져 있더라고요. 제 아바타가 실제 저처럼 차 트렁크에 누워서 사진도 찍고 기타도 치고 했던 게 좋았습니다."

김예리 / 대학생

"메타버스를 중·고등학생들이 많이 한다고 들었어요. 저도 해보니까 되게 재미있었고 실제 저는 조금 낯을 가리는 편인데 메타버스에서는 제 얼굴을 보여주지 않고 가상의 인물로 다른 사람들과 만날 수 있어서 쉽게 소통하고 적극적으로 다가갈 수 있었던 것 같습니다."

메타버스 내에서는 다양한 경제 활동도 가능하다. 아이템을 구매할 수도 있고 판매할 수도 있다. 아바타의 의상과 가방을 직접 만들어 판매하거나 공간을 꾸며주며 수익을 창출하기도 한다.

렌지 / 메타버스 크리에이터

"저는 메타버스 안에서 아바타가 입고 있는 옷이라든지 신발, 액세서리 그리고 또 그걸 넘어선 날개 등 아바타가 장착할 수 있는 아이템을 만드는 아이템 크리에이터입니다. 지금은 메타버스를 기반으로 한 스타트업을 설립해서 운영하고 있습니다."

메타버스라는 가상공간 안에서는 누구나 자신만의 콘텐츠와 내가 원하는 세상을 그리고 꾸밀 수 있다.

렌지 / 메타버스 크리에이터

"현실과 거의 비슷하다고 생각합니다. 똑같이 아바타이고 옷을 입고, 친구를 사귀는 사회적인 활동을 한다는 것과 경제적인 활동을 하는 것까지 다 비슷합니다. 하지만 현실에는 제약이란 게 있지 않나요? 시간과 공간이란 제약이 있는데 메타버스에는 그런 제약이 없다는 점이 가장 큰 차이점인 것 같습니다."

메타버스는 누가 어떻게 활용하느냐에 따라 새로운 기회의 공간이 될 수도 있다.

렌지 / 메타버스 크리에이터

"내가 하고 싶은 것을 하는 걸 대부분 원하는 거 아닌가요? 현실에서는 조금 힘들었고 제약이 많아서 도전하지 못했던걸 메타버스에서 자유롭게 펼칠 수 있는 사례가 많아질 거라고 봅니다."

메타버스

무한한 가능성의 공간인 메타버스 그 의미부터 알아보도록 하자. 흔히 가상 세계와 같은 개념으로 쓰이고 초월을 뜻하는 그리스어 메타(Meta)와 세상을 뜻하는 유니버스(Universe)의 합성어다. 아바타로 구현된 개개인이 가상 세계에서 만나 서로 소통하며 놀거나 업무를 보는 모든 활동이 메타버스라고 할 수 있다. 즉, 메타버스는 특정한 기술을 말하는 게 아니라 변화된 트렌드를 뜻한다.

김상윤 / 중앙대학교 컴퓨터공학과 교수

"메타버스라는 단어의 어원은 소설에서 비롯되었습니다. 1992년 닐 스티븐슨(Neal Town Stephenson)의 소설《Snow Crash》에서 처음 등장합니다. 이 소설 속에 등장하는 주인공은 피자가게 배달부였습니다. 현실 세계에서는 힘들고 궁핍하게 살고 있는데 내가 개발한 프로그램 속에서는 멋있는 집도 짓고 그 안에서 여가생활도 합니다. 어떻게 보면 또 다른 세상에서 나는 정말 화려한 삶을 사는 것이죠. 거기에서 등장하는 또 다른 세상에 대한 개념을 작가가 '메타버스'라고 이야기하면서 이 단어가 유래되었습니다."

예측할 수 없는 미래 사용설명서

코로나19를 피해 비대면으로 메타버스 공간에서 소통하는 사람들이 늘어나며 주목받고 있다. 여기에 발전한 미디어 기술 덕분에 생동감이 더해져 더욱 인기를 끌고 있다. 환경적 요인과 기술적 요인이 시너지를 일으켜 메타버스 혁명의 속도가 빨라지고 있다.

김상윤 / 중앙대학교 컴퓨터공학과 교수

"가상현실(Virtual Reality)이라고 하는 기술 그리고 유사한 증강현실 (Augmented Reality)이라고 하는 기술이 있습니다. 가상·증강현실 기술은 주로 군사기술이나 과학기술 용도로 사용되었습니다. 예를 들면 여러 국가 간에 전쟁 시 시뮬레이션을 해야 하는데, 좀 더 실감나고 정교화된 설계를 위해서 VR 디바이스를 착용하고 작업자들이 그 속에서 전쟁 상황을 연출하는 거죠. 최근 들어서 VR, AR 기술이 급진전하고 있습니다. 그래픽의 퀄리티도 상당히 증가함으로써 일반인들이 더 손쉽게 이용하고 있으며, 또 다양한 분야에서 VR과 AR 경험을 할 수 있는 기술적 진화 과정에서 메타버스와 맞닿은 발전이 진행되고 있는 것입니다."

메타버스가 만들어낸 세상 속에서 우리는 무엇이든 할 수 있고, 무엇이든 될 수 있으며 어디든 갈 수 있다. 꿈꿔왔던 모든 것을 해낼 수 있다.

문진명 / 이동통신업체 메타버스 기획팀

"PC 시대에서 스마트폰 시대로 넘어왔을 때, 저희가 가장 많이 원했던 서비스 또는 표현하고자 했던 슬로건이 '언제 어디서나' 입니다. 스마트폰을 통해서 언제 어디서나 쇼핑을 하고, 언제 어디서나 영화를 보고, 언제 어디서나 검색하고, 언제 어디서나 메신저를 나누는 게 이루어졌습니다. 그런데 저는 그다음 단계가 '메타버스'라고 봅니다. 그러면 '메타버스는 뭐가 더 됐는가?'라고 생각했을 때 저는 '함께'라고 봅니다. 이게 바로 메타버스에서 원하던 가치와 맞고 그래서 2021년에 빠르게 다가온 것이 함께할 수 있다는 점에서 메타버스가 스마트폰 세대와 굉장히 다른 점입니다."

대체 불가능한 토큰 NFT

메타버스와 함께 큰 관심을 받은 새로운 개념이 있다. 바로 'NFT(Non-Fungible Token)'. 단어를 그대로 풀이하면 '대체 불가능한 토큰'을 뜻한다. 블록체인 암호화 기술을 활용해 디지털 자산에 소유권을 부여하는 일종의 증표다.

김상윤 / 중앙대학교 컴퓨터공학과 교수

"대체 불가능한 토큰, NFT는 기본적으로 블록체인 기술이라는 것을 기반으로 하고 있습니다. 블록체인이라는 기술을 쉽게 말씀드리

　　　　　　　　　　　　　　　예측할 수 없는 미래 사용설명서

면, 정보를 블록으로 분산·저장해서 여러 다수의 블록이 이 정보가 맞는다고 확인해 줄 때만 '이 정보가 정확한 정보다'라는 것이 인증되는 기술입니다. 그래서 NFT라는 것을 이 블록체인 기술을 이용해서 가상자산, 예를 들어 유명한 화가의 그림 콘텐츠나 유명한 가구 브랜드의 소파라는 콘텐츠에 관련된 정보를 이 블록에다가 담아서 정보가 정확한지 아닌지를 판별해서 '이 사람이 이 자산의 주인이다.'라는 것을 인증해 주는 기술이죠."

잭 도시(Jack Dorsey)라는 SNS 공동 창업자가 2006년에 올린 글 한 줄이 경매에 나와 290만 달러에 낙찰됐고, 닉네임 비플(Beeple)로 활동하는 작가가 그린 디지털 콘텐츠 작품은 6,934만 달러에 팔리면 화제를 모았다.

출처: 크리스티

윤여진 / 온라인 경매회사 CTO

"스포츠 선수의 액션 혹은 모션을 가지고 NFT를 만든다든지, 100% 작품만이 아니라 자기가 평생 소유하고 싶은 어떤 장면이라든지, 자기가 가진 어떤 지식에 대한 발견 등 평생 남기고 싶은 것을 NFT로 발행하기도 합니다. NFT 작품의 특징은 일단 블록체인상에서 이루어지기 때문에 위·변조가 불가능합니다. 그다음에 블록체인에서 보면 누가 어디에서 와서 어디로 갔다거나 작품이 누구한테 언제 갔다는 게 명확합니다. 그래서 그 거래에 대한 투명성이 확보된다는 것이 가장 큰 차이입니다."

NFT는 메타버스에서도 당연히 크게 활용될 것으로 예상되고 있다. 현실 세계와는 다른 가상공간이지만 사람이 모여 있기 때문에 경제 활동이 일어나게 된다. 그 경제 활동이 안전하게 이루어지기 위해선 위조와 변조가 불가능한 NFT가 필수라는 것이다.

윤여진 / 온라인 경매회사 CTO

"메타버스랑 실생활을 자연스럽게 넘나들면서 그 안에서 유통하는 경제 활동이 NFT로 갈 가능성이 큽니다. 왜냐하면 블록체인상에서 재화가 안전하게 이동될 수 있는 방법이기 때문입니다. 그래서 메타버스뿐만 아니라 실생활에서도 소유권을 부여할 수 있는 모든 것에 부여되고 심지어 메타버스 안에서도 소유권을 부여해 경제 활동

예측할 수 없는 미래 사용설명서

이 일어날 수 있습니다. 그래서 현실 세계와 메타버스에서 NFT가 잘 활용될 수 있을 것으로 전망하고 있습니다."

최근 NFT 시장은 지식재산 영역으로 빠르게 확장되고 있다. 디지털 작품이 NFT로 거래될 때마다 처음 제작자에게 수수료가 가도록 설정할 수 있어 원작자의 수익 창출도 더 쉬워지기 때문이다.

김범주 / 3D 개발 플랫폼 기업 본부장

"예술 창작 활동 같은 경우에도 메타버스 기술을 이용해서 많은 변화를 이끄는 분들이 있습니다. VR 헤드셋이라든지 XR(eXtended Reality, 확장 현실) 헤드셋을 통해 그림을 그리거나 조각하는 부분들을 경험하게 되면, 단순히 버튼을 누르고 마우스를 클릭하는 작업이 아닌 실제 화실에서 작업하는 것처럼 내 손과 손가락을 이용해 조각과 회화를 할 수 있는 변화도 기대되고 있습니다."

초현실적인 풍경화 작업을 기반으로 탄탄한 작품 활동을 이어 온 김남표 작가를 만나 보았다. 기존의 미적 개념에 안주하지 않고 끊임없이 새로운 시도를 도전했다. 그리고 얼마 전에는 'VR 기술'을 도입해 NFT 작품 작업을 시도했다.

VR 기술로 NFT 작품 작업 중인 김남표 화가

김남표 / 화가

"지금 NFT와 관련된 소식과 이야기들은 수년 전부터 일어났고, 아무래도 예술가들로서는 호기심과 변화들에 관해 관심이 있는 건 지극히 당연한 문제라고 생각합니다. 물론 목적이 다를 수 있지만, 투자나 경제적 논리로 보는 것이 아니라 우리가 몸담은 이 시대에 대한 변화. 그 변화 가운데는 의식의 변화가 있기 때문에 당연히 예술가로서는 NFT에 관심을 가질 수밖에 없는 대상이 아닌가 생각됩니다."

김남표 작가는 평면작품에서도 초현실적인 정서를 환기시키는 화면 구성과 생생한 표현 능력을 꾸준하게 발전시켜왔다. 그의 NFT 작품은 VR 페인팅 도구인 틸트 브러시(Tilt Brush)를 이용해 작업한 것이다. 작

예측할 수 없는 미래 사용설명서

가는 메타버스와 NFT가 예술가들에게 새로운 기회의 장이 되어줄 거라 기대한다.

김남표 / 화가

"VR 작업은 워낙 무한대 공간이기 때문에 제가 만든 작품들을 한 곳에 차곡차곡 구조화시킬 수 있는 것 같습니다. 그러면 하나의 아일랜드가 될 수도 있다고 봅니다. 예술가들의 진정성 있는 작품들이 나왔을 때, NFT라는 제도나 그러한 새로운 물결도 긍정적으로 흘러갈 수가 있는 것인데 이것이 우열이 섞이는 사행성이라든가 투자로만 보는 형태로 간다면 지속 가능한 힘은 떨어질 거라고 봅니다. 그래서 아마도 지금 우려하는 시선도 있을 것 같습니다. 하지만 저와 같은 입장에서 볼 때 중요한 것은 미술 전문가들이 어떻게 풀어갈 것인가 그것이 중요한 숙제가 아닐까 생각해 봅니다."

작가는 메타버스와 NFT가 예술가들에게 새로운 기회의 장이 되어줄 거라 기대해 본다.

윤여진 / 온라인 경매회사 CTO

"메타버스뿐만 아니라 현실 세계에서도 NFT 기술의 활용 가능성과 분야는 정말 무궁무진하다고 봅니다. 우선 규제의 명확성이 담보돼서 전 산업에 걸쳐서 전향적으로 이 혁신을 받아들이는 자세가 필요하다고 봅니다. 특히나 관련 업계에서는 NFT 기술의 안정성을 더 확보하고 기술이 조금 더 쉽게 다가갈 수 있도록 노력해야 한다고 생각합니다."

메타버스의 활용

이미 Z세대 사이에서는 소셜미디어가 메타버스로 넘어가는 추세이다. 때문에 많은 기업이 폭발적으로 성장하는 메타버스 플랫폼 시장에 뛰어들고 있다. 지난 10년간 AR과 VR 기술 플랫폼을 개발하며 관련 기술력을 쌓아온 이동통신업체도 그동안의 기술력을 한데 모아 메타버스 서비스를 시작했다.

문진명 / 이동통신업체 메타버스 기획팀

"e-서비스는 메타버스 공간에서 최대 131명까지 모일 수 있습니다. 그곳에서 자료를 공유하는데, 자료라는 것은 파일이나 미디어가 될 수도 있습니다. 131명이 온라인 공간에 모여서 무언가를 같이 보거나 음성과 채팅으로 같이 이야기를 나누거나 감정을 표현하는 등 일어날 수 있는 모든 일이 일어나고 있습니다."

메타버스 플랫폼은 대규모 모임과 강의에 초점을 맞추고 전반적으로 사용자의 경험을 높이는 데 집중하고 있다.

문진명 / 이동통신업체 메타버스 기획팀

"메타버스의 키워드가 '자유'라고 저는 생각하는데, 이 자유롭다는 부분이 시간과 공간의 자유도 있지만 어떤 현실의 제약 또는 나의 제약으로부터 자유로울 수 있다는 겁니다. 본인이 그냥 스스로 원하는 대로 어떤 공간에도 가고, 다른 내가 돼서 활동할 수 있는 게 일상에서 가장 큰 변화가 아닐까 싶은 생각이 듭니다."

메타버스가 MZ세대를 등에 업고 급성장했다면 가상공간을 실제 업무용으로 활용하는 사례도 점차 늘어나고 있다.

김상윤 / 중앙대학교 컴퓨터공학과 교수

"최근에 우리 업무 방식 측면에서 재택근무라든지 원격근무가 많이 활용하고 있습니다. 이러다 보니 기업에서 조금 우려하는 상황이 발생했습니다. 회의 때라든지 뭔가 소통할 때 얼굴을 마주하고 인간적인 유대관계들을 형성하는 것이 기업의 상당한 긍정적인 요소였습니다. 그런데 재택근무를 하다 보니 얼굴을 마주할 일이 부족하다는 것입니다. 그것이 1년, 2년 장기화가 되니 직원들의 소속감이라든지 유대감, 팀워크 등 상호 유대감이 사라질 수 있다는 것입니다. 그래서 이러한 우려 사항을 메타버스라는 가상공간을 이용해 보자는 것입니다."

각 기업과 교육기관에서 메타버스에 큰 관심을 보이는 이유는, 전화나 채팅·화상으로 소통하는 것보다 아바타가 들어와 같은 공간에서 대화하는 것이 상호 유대감을 높이고 업무 효율을 향상하는 데 효과적이기 때문이다. 또한 개최자와 참석자의 시간과 공간의 제약을 줄여준다는 큰 장점이 있다.

김성제 / 메타버스 플랫폼 기업 사업본부 차장

"기본적으로 교육에 필요한 동물이라든지 행성 등을 만들 수 있습니다. 그런 것들을 3D로 구현해서 교육에 더 적합하게 잘 구현될 수 있도록 만들고 있습니다."

경기도 성남시에 자리한 국내의 한 메타버스 플랫폼 기업은 최근 전 세계 교육기관을 대상으로 한 플랫폼 진화를 시도하고 있다. 코로나19가 장기화되면서 인터넷 환경의 패러다임이 변화하고 있다. 이곳은 교육과 회의, 학술모임 등 기관의 목적에 맞게 메타버스 공간 안에서 운영될 수 있는 서비스를 제공하고 있다.

김원경 / 메타버스 플랫폼 기업 사업본부 이사

"학생들은 실생활에서 이수해야 하는 교육과정을 저희 메타버스 플랫폼 내에서 완벽하게 소화할 수 있고, 선생님들은 지금까지 학습에 활용해 오던 그 어떤 툴보다도 더 효과적으로 운영할 수 있도록

예측할 수 없는 미래 사용설명서

만들 수 있는 모든 기능을 가진 교육용 툴을 제공하고 있습니다. 그리고 기업들도 코로나19 이후에 사회적 거리두기로 인해서 그동안 진행하지 못했던 마케팅 활동들을 이런 가상 세계, 가상의 메타버스 공간 내에서 진행할 수 있도록 하는 모든 기능을 제공하고 있습니다."

메타버스를 활용한 비대면 국제행사 장면

지난 2021년 12월에는 약 150여 명의 참여자가 비대면 방식으로 참석한 국제행사도 무사히 치러냈다고 한다.

이미향 / 메타버스 플랫폼 기업 매니저

"방 만들기에서 강의실, 회의실, 영화관, 컨퍼런스 대회의실까지 다섯 가지 종류의 방을 만들 수 있습니다. 제일 많이 사용하는 것은 회의실 기능으로, 자료 공유 같은 것도 실시간으로 이뤄질 수 있고 주로 PDF 파일을 많이 활용하시는데 팀 회의할 때 많이 사용되고 있습니다. 그리고 대단위로 이벤트를 진행할 때는 200명까지 수용 가능한 컨퍼런스 룸에서 행사를 진행하고, 사회자 자리도 따로 정해져 있어서 그 자리에서 화면을 통해 입장하는 분들을 향해 이야기할 수 있는 등 위치를 조정할 수 있습니다. 단상에 나와서 대표로 말할 수 있는 발표자도 설정해 자리 잡을 수 있고, 뒤쪽에 있는 분들을 앞쪽으로 모셔와서 이야기하면 자동으로 마이크가 켜지기 때문에 따로 설정할 필요 없이 자리 이동만 하면 발표할 수 있는 기능 등이 준비되어 있습니다."

VR과 블록체인 등 기반 기술을 모두 접목해 더욱 완성도 있는 메타버스 세상을 제공하기 위해 연구개발에도 지속적으로 힘쓰고 있다. 경험의 블록 단위를 조금씩 확장해 참여자의 개성을 더욱 부각시킬 수 있는 방법을 고민하고 있다.

김성제 / 메타버스 플랫폼 기업 사업본부 차장

"VR 디바이스 같은 경우에는 보다 현실감이 있어서 메타버스 안에 들어와 있는 것처럼 실제로 생동감 있게 보실 수 있습니다."

메타버스 플랫폼은 다양한 디바이스에서 사용이 가능하다. 스마트폰을 이용하면 언제 어디서나 참여할 수 있고 PC에서는 고화질로 가상 공간을 만날 수 있다. VR 디바이스를 사용하면 더 현실감 있게 메타버스를 활용하고 즐길 수 있다.

김원경 / 메타버스 플랫폼 기업 사업본부 이사

"저희가 개발팀에서 새로운 빌드(Build, 소스 코드 파일을 실행 가능한 소프트웨어 산출물로 만드는 과정)들이 나올 때마다, 요청했던 기능들이 새롭게 잘 반영되어 있는지 아니면 기존의 버전에서 가지고 있었던 약간의 오류들이 잘 수정되었는지를 다 확인하고 있습니다. 그래서 고객들이 사용하는 시나리오를 하나하나씩 밟아가면서 사용하는 데 문제가 없을지 공간별로 시나리오별로 체크하는 중입니다."

직원들끼리도 메타버스를 이용해 회의하며 오류를 수정해나가기도 한다. 얼굴을 마주해야 하는 화상 회의와는 또 다른 매력과 장점이 있다. 메타버스 공간에서는 자료도 공유하고 체크할 수 있어 사무실에서 마주 앉아 회의하는 것과 비슷한 효과를 볼 수 있다.

장소영 / 메타버스 플랫폼 기업 매니저

"제가 집이 용산인데, 실제 사무실인 판교까지 1시간 30분 정도 걸립니다. 하지만 메타버스를 이용하면 우선 준비시간을 단축하고 바로 그 자리에서 미팅에 들어가 의제에 대해서 의논할 수 있는 점이 좋습니다. 두 번째로 실제 미팅에 참여하는 사람들은 사실 소통할 때 굉장히 수줍어합니다. 그래서 제가 뭔가에 대해서 자유롭게 의견을 반영하고 싶을 때, 사람들의 의견을 듣고 싶을 때 자기의 페르소나가 아바타에 반영되면 조금 더 의견에 대해서 쉽게 이야기할 수 있는 것 같습니다."

이미향 / 메타버스 플랫폼 기업 매니저

"캐릭터들이 다 움직이고 고개가 가는 방향에 따라서 화면을 본다든지, 캐릭터가 실감 나게 움직이는 부분이 있어서 바로 옆에서 같이 회의하는 것 같은 기분을 느낄 수 있습니다."

재택근무를 하는 직장인이 2년 만에 12배나 급증했고, 팬데믹 이후에도 재택근무가 일반적인 업무 형태로 자리 잡을 것으로 예상된다.

김원경 / 메타버스 플랫폼 기업 사업본부 이사

"일부 메타버스에 대한 비관론자들이, 메타버스가 코로나19 팬데믹이 지나면 사라지는 하나의 트렌드 또는 일시적인 현상이 아니겠냐고 비판하기도 합니다. 하지만 코로나19 팬데믹을 겪으면서 기존과 다른 생활방식으로 이미 경험해 봤습니다. 우리 주변에 있는 학생들은 컴퓨터를 통해서 원격으로 교육을 받습니다. 많은 회사의 직원들은 원격으로 근무하고 통합 커뮤니케이션 툴을 이용해서 회사 직원들과 실시간으로 소통하고 근무해오면서 '이렇게 원격으로 떨어져서 일하는 것도 나쁘지 않구나' 그리고 '어떤 면에서는 굉장히 더 편하다'라는 것을 이미 깨우치고 있습니다."

비대면 엑스포, 박람회 등 기존에 오프라인에서 열렸던 마이스산업 (M.I.C.E.산업)을 메타버스로 가지고 와 가상공간에서 기업의 제품을 홍보하고, 구매와 계약까지 할 수 있는 플랫폼 기업을 찾아가 보았다.

정지현 / 메타버스 플랫폼 기업 팀장

"저희는 언리얼 엔진(Unreal Engine)이라는 엔진을 통해서 조금 더 높은 사향의 그래픽이라든지 사용 환경을 구현하고 있습니다. 행사 목록을 설정하고 관람자가 원하는 행사장을 클릭해서 입장하면 먼저 캐릭터를 선택합니다. 나를 대체할 수 있는 비즈니스 캐릭터를 가상환경에서 구현해내는 기술입니다. 얼굴 그리고 헤어, 의상, 기타 액세서리 등 비즈니스 툴로써의 활용을 제1의 목적으로 보고 있기 때문에 비즈니스 의상이 기본적으로 구성되어 있습니다. 캐릭터 설정을 마친 후에 입장하면 환경 안에서 나를 대신한 캐릭터가 행사장을 관람하는 형태로 진행됩니다. 그리고 오프라인에서 구현하는 것들보다 조금 더 강점이라고 할 수 있는 것은 '언어의 제약'이 조금 덜하다는 부분입니다. 영어로 작성하게 되면 자연스럽게 번역이 이뤄지고 영어뿐만 아니라 스페인어, 프랑스어, 중국어, 일본어처럼 기본적인 언어들은 자동으로 번역돼서 보이게 됩니다."

언어의 제약을 덜어주는 자동 번역 기능

온라인을 통해 전시 개최 또는 참여 신청을 한 후 언제 어디서든 메타버스 공간에 접속해 다양한 전시를 만나볼 수 있다. 무엇보다 온·오프라인을 연결해주는 라이브 스트리밍이 가능해 리얼타임으로 생동감 있게 즐길 수 있다. 또한 등록 정보를 활용해 3D 공간에서 명함을 교환할 수 있고, 대형 스크린을 통해 새로운 기술과 비즈니스 정보를 라이브로 관람할 수 있다. 강연이 진행될 땐 음향을 실제와 비슷하게 설정할 수도 있다. 이렇게 메타버스 공간에서는 사용자가 직접 공간의 이미지나 영상을 쉽게 탑재하고 변경할 수 있어 편리하다.

김범준 / 메타버스 플랫폼 기업 공동대표

"저희 플랫폼의 가장 큰 장점은 기존 오프라인 비즈니스와 다르게

예측할 수 없는 미래 사용설명서

한계가 없다는 장점이 있습니다. 예를 들어서 네트워크만 가능하다고 하면 초공간, 초연결, 초저지연을 볼 수 있는 게 가장 큰 장점인 것 같습니다. 특히 저희는 언어적인 제약도 많이 해결하려고 노력하고 있습니다. 다양한 언어를 지원함으로써 태생적인 한계를 극복할 수 있는 비즈니스 지원을 할 수 있는 것이 메타버스 플랫폼의 가장 큰 장점입니다."

코로나19로 관광산업이 큰 타격을 받았다. 이제 메타버스는 관광에 엔터 분야까지 확산돼 영향을 미치고 있다. 포스트 코로나 시대의 관광은 첨단 기술과 융합해 새로운 형태로 진화할 거라 예상하는 사람들이 많다. 이미 엔터테인먼트 시장은 메타버스를 신성장동력으로 삼고 적극 활용하고 있다. 업계는 메타버스 플랫폼을 직접 개발하거나 협업해 관련 상품을 내놓고 대중과의 소통을 이어가고 있다.

이어서 XR 분야에 새로운 가치를 창출하고자 개발자 출신들이 모여 창업한 개발사를 찾아가 보았다. 기기의 제약 없이 다양한 플랫폼에서 구동되는 크로스 플랫폼(cross-platform) 특허기술이 적용된 서비스를 제공하는 소셜 VR 엔터테인먼트 브랜드를 보유하고 있다.

오승훈 / VR 소프트웨어 개발업체 이사

"저희는 온라인 게임 개발 출신들이 모여서 VR이나 AR 같은 최첨단 실감형 기술들을 사용해 메타버스를 가장 잘 구현하는 방법들을 연구·개발하고 실제로 서비스하고 있는 소프트웨어 개발사입니다. 크게 PC든 모바일이든 VR이든 가리지 않고 다양한 디바이스를 통해 가상의 온라인 세계에 접속하고, 그 안에서 다른 사람들과 상호 교류하면서 여러 가지 활동을 할 수 있도록 서비스를 구축하고 있습니다. 현재 여행을 테마로 누구나 꿈꾸지만 금전적·시간적 제약 등 여러 사정으로 마음껏 누리지 못하는 여행의 즐거움을 메타버스 안에서 자유롭게 누릴 수 있도록 제공하는 특징을 가지고 있습니다. 사람들과의 직접적인 교류나 쇼핑이라든가 현실과 연계된 메리트를 누릴 수 있도록 서비스하는 것이 저희의 특징이라고 말씀드릴 수 있겠습니다."

서울을 시작으로 대한민국 주요 도시와 관광지를 메타버스 안에 다양하게 구현하고 가상 세계의 이용자들과 현실 세계의 이용자들이 상호작용하면서 여러 관광 자원과 상품들을 소비할 수 있다.

김성후 / VR 소프트웨어 개발업체 프로그래머

"실제 명동에서 플레이하는 유저와 VR 게임상에서 진행하는 사람이 실제로 만나기 위해서는 GPS 시스템을 이용해 실제 명동에 있는 사람의 데이터를 게임상에 심어줘야 합니다. 그런 AR과 VR을 혼합한 GPS 시스템까지 겸한 멀티 플랫폼 VR 게임이라고 생각하시면 됩니다."

예측할 수 없는 미래 사용설명서

이들은 다양한 문화적 요소들을 소재로 한 체험과 미니게임들을 배치하고 온라인 쇼핑몰까지 접목한 종합적인 프로세스를 제공하고 있다.

김성후 / VR 소프트웨어 개발업체 프로그래머

"명동에 직접 가지 않고도 구경할 수 있고 그곳에 있는 사람들과 만나서 상호 작용도 할 수 있고 대화도 할 수 있습니다. 점점 커지면 게임상에서도 명동에 있는 상점이나 옷가게라든지 화장품 가게를 직접 방문해서 물건을 구매하는 등 여러 가지 시스템들을 구현하려는 목표로 하고 있습니다."

메타버스와 디지털 트윈 기술의 접목

메타버스에서 디지털 트윈 기술은 빼놓을 수 없는 키워드다.

디지털 트윈(Digital Twin)이란, 현실 세계의 사물·공간·건물 등의 정보를 디지털 정보로 구현하는 기술이다. 세계 최대 전자 기업이 주창한 개념으로 디지털 기술을 통해 현실 상황을 미리 시뮬레이션해 결과를 예측하는 기법이다. 가상의 모델과 현실이 통신 기술로 연동돼 서로 영향을 주고받는 게 디지털 트윈의 핵심이다. 가상현실 기술을 이용하면 우선순위가 높은 정보를 홀로그래픽으로 띄워 정보 중요도를 직관적으로 이해할 수 있다. 기술적인 측면에서 메타버스는 현실을 디지털로 가져오는 디지털 트윈 발전을 빠르게 촉진했다.

가상현실과 홀로그램을 융합한 HoloMR과 메타버스로 다양한 신기술을 선보이며 주목받고 있는 메타버스 솔루션 기업을 찾았다. 이 기업은 전시, 행사, 엔터 등 다양한 형태의 메타버스 플랫폼 솔루션을 제공하고 있다. HoloMR 서비스는 VR 기기를 착용하지 않아도 가상현실을 육안으로 볼 수 있는 서비스다. 고글을 착용한 사람은 물론, 고글을 착용하지 않은 사람도 가상현실을 볼 수 있고 참여할 수 있다.

방준영 / 메타버스 솔루션업체 이사

"기존에는 사람들이 공간적인 정보를 빠르게 인식하지 못했습니다. 예를 들어서 '어떤 곳에서 어떻게 이동했으면 좋겠다.', '왼쪽에서 오른쪽으로 가서 다시 왼쪽으로 가.'라고 얘기하면 비주얼적으로 파악하지 못했습니다. 그런데 홀로그램으로 보여주면 사용자만 파악하는 게 아니라 고글을 착용하지 않은 사람들도 함께 홀로그램적인 요소를 통해 현 상황을 인식하고 현 상황에서 가장 합리적인 요소를 함께 찾아갈 수 있는 활용도 높은 기술이라고 할 수 있겠습니다."

이 기업에서는 도깨비를 활용해 진행된 HoloMR 콘텐츠 공연을 선보였다. 전통문화 IP 콘텐츠를 활용해 VR 헤드셋을 쓰고 진행된 도깨비 놀이에 기기를 쓰지 않은 사람들도 퍼포먼스에 참여할 수 있었던 신개념 전통 콘텐츠 쇼다.

"이후에 저희가 했던 것이 '백범 김구 홀로그램 토크 콘서트'였습니다. 사실 정치적으로 항상 어렵고 힘들고 뭔가 고민이 있을 때, 뉴스에도 나오는 문제들을 이야기할 때, 그때마다 백범 김구 선생님이라면 어떻게 하셨을까를 생각해 보고 그분의 입장에서 생각해 보면 좋겠다고 생각해서 진행하게 됐습니다."

2019년에 임시정부 수립 및 3.1운동 100주년을 맞아 백범 김구 선생님을 HoloMR로 복원해 '토크 콘서트'를 열었다. 무대 위 배우의 움직임을 모션 캡처하고 음성을 녹음해서 관객과 대화하는 형식으로 진행됐다. 관객들과 쌍방향으로 소통하고 질의응답을 주고받으며 김구 선생님과 대화하는 느낌을 받을 수 있도록 만들었다.

백범 김구 홀로그램 토크 콘서트

방준영 / 메타버스 솔루션업체 이사

"백범 김구 홀로그램 토크 콘서트를 열어서 사람들이 함께 참여하고 HoloMR을 통해서 디지털 휴먼으로 복원되신 백범 김구 선생님을 만나고 함께 소통하고 참여할 수 있었습니다."

인공지능으로 개발된 버추얼 휴먼(Virtual Human, AI와 첨단 컴퓨터 그래픽 시술을 기반으로 만들어낸 가상 인간)이 우리 생활 속에 들어오고 있다. 엔터테인먼트 업계로 확산돼 AI 전문 개발기업은 물론, 대표 엔터테인먼트 기업까지 가세해 AI 유튜버·아이돌·모델 등을 속속 선보이며 메타버스 시대를 가속화하고 있다.

완전한 메타버스 세상을 위해 풀어야 할 숙제

급속도로 발전하고 있는 메타버스 시장. 하지만 아직 갈 길이 멀다는 지적도 많다. 보안과 개인정보 관리 측면에서도 갖춰야 할 부분이 많다. 현실과 다르지 않은 사회적 문제가 가상의 현실에서도 발생할 수 있다는 걱정도 있다.

김정삼 / 과학기술정보통신부 소프트웨어정책관

"메타버스 공간에서도 여러 가지의 사기, 범죄 또는 개인정보 침해라든지 디지털 성범죄 등 다양한 문제들이 발생할 수 있습니다. 그런 문제들을 소프트웨어 개발자나 창작자들 그리고 이용하는 사람들이 윤리 규범, 사회적으로 받아들여질 수 있는 규범들을 만들고 인정하고 같이 참여해 주는 게 가장 중요할 것 같습니다. 우리 사회가 충분히 건전한 공간으로 만들어 낼 수 있는 자정작용이 있지 않을까 싶습니다. 정부도 그런 사회가 자정작용을 할 수 있도록 다양한 기술적인 방안 마련 또는 민간 스스로 할 수 있는 여건을 만드는데 최선을 다할 생각입니다."

메타버스 세상은 기술적인 부분이 뒷받침되어야 완성될 수 있다. 통신 속도, 장비의 성능, 보안 강화, 사회 제도적 기반 조성 등이 메타버스 탑승의 과제로 떠오르고 있다.

김범주 / 3D 개발 플랫폼 기업 본부장

"360도 영상이라든지 입체 영상 등 이런 영상들은 기존의 영상보다 일단 용량이 크고, 그다음에 밴드위스(bandwidth, 기억 장치의 자료 처리 속도를 나타내는 단위)도 많이 차지하게 됩니다. 그리고 3D 그래픽 같은 경우에는 그래픽 처리 능력 자체도 아주 높아야 합니다. 예를 들어서 수백만 원짜리 그래픽 카드가 필요할 수도 있습니다. 그런데 모든 사람이 그런 그래픽 카드를 가지고 있는 건 아닙니다. 그렇기 때문에 대안으로 나오고 있는 게 스트리밍 VR 같은 기술입니다. 그러면 서버에서 아주 고품질의 그래픽을 렌더링하고 그것을 6G나

5G 같은 고속망을 통해 우리 헤드셋으로 바로 가지고 오게 되는 것입니다. 그래서 저는 통신망이 더 실감 나는 콘텐츠를 즐길 수 있게 하는 데 큰 역할을 하게 될 거라고 생각합니다. 6G까지 통신망이 잘 확보가 된다면, 각자가 컴퓨터 같은 것들이 필요 없이 단말기만 가지고도 얼마든지 다양한 메타버스 콘텐츠를 즐길 수 있는 수준까지 가게 되지 않을까 예상됩니다."

즉, 데이터의 수로가 되는 네트워크가 있어야 보다 완성도 높은 메타버스 세상을 구현할 수 있다는 것이다. 전 세계적으로 5G가 도입되기 시작했지만 현실적인 네트워크의 속도는 3~4G 시대에 머무는 곳들이 대부분이다. 때문에 데이터 속도 강국인 우리나라의 역할이 그 어느 때보다 중요해지고 있다. 우리의 생활방식을 총체적으로 변화시키는 것을 우리는 '혁명'이라고 말한다. 인터넷 혁명과 모바일 혁명이 그랬듯 메타버스 혁명이 시작되고 있다.

메타버스는 우리의 생활을 얼마나 바꿀 수 있을까? 정답은 아무도 모른다. 다만 분명한 것은 메타버스 세상이 지속 가능하기 위해선 현재에 머무르지 않고, 앞으로 나아가기 위해 계속 노를 젓고 노력해야 한다는 것.

방준영 / 메타버스 솔루션업체 이사

"상상하면 현실이 된다. 지금까지 상상은 한낱 SF 영화에서 나오는 콘텐츠로만 치부되어 왔지만 저희는 상상이, 꿈이 현실이 되는 것을 함께 만들어가고 싶습니다."

우리나라는 세계가 인정한 IT 강국이다. 특히 5G 기술은 세계를 압도한다. 우리나라가 메타버스 시장을 주도할 수 있는 큰 키를 손에 쥐고 있다는 것이다. 다음 페이지에서 초현실주의 메타버스 세상을 완성하기 위해 반드시 필요한 기술 중 하나인 5G와 관련된 모든 것을 알아보자.

초고속 통신망, 초현실 세계를 열다

세계가 인정한 IT 강국 대한민국. 인터넷 기반의 PC 시대에서 스마트폰 모바일 시대를 거쳐 이제는 차세대 플랫폼 메타버스가 급부상하고 있다. 메타버스는 VR과 AR, 클라우드 등 다양한 산업 분야와 만나 발전 중이고 이미 애플, 메타, 구글, 엔비디아 등 거대 테크기업들은 메타버스 시장에서 각축전을 벌이고 있다. 하지만 실감형 콘텐츠인 메타버스를 완성하기 위해선 필요한 기술이 있다. 초고속·초저지연·초연결을 뜻하는 바로 5G와 MEC(Mobile/Multi-access Edge Computing)다. 메타버스를 더욱 실감 나게 만들어주는 '5G MEC 기술'이 과연 무엇이고 왜 중요한지 지금부터 알아보자.

진짜보다 더 진짜 같은, 가상 인간

서기 2020년의 미래와 우주를 배경으로 제작된 국내 애니메이션

〈2020년 우주의 원더키디〉. 당시 상상했던 2020년은 자동차가 하늘을 날고 말하는 로봇과 함께 우주 어디든 여행을 갈 수 있는 세상이었다.

2020년이 지난 지금, 애니메이션이 그렸던 미래의 모습은 아니지만 그사이 우리는 많은 과학 발전을 이뤘다. 자율주행 자동차, 인공지능 로봇 그리고 하늘을 나는 드론까지. 과학은 계속해서 발전해 나가고 있고 이제는 가상 세계와 현실의 장벽을 무너뜨리는 기술까지 가능해졌다. 바로 메타버스다. 가상의 세계지만 현실감 있게 느끼도록 비주얼 측면의 기술은 더욱 빠르게 그리고 더욱 정밀하게 발전해 왔다. '메타버스'가 트렌드로 떠오르면서 진짜보다 더 진짜 같은 '가상 인간'이 주목받고 있다. TV 광고 속에서 신나는 노래와 함께 춤추는 사람, 화려한 춤솜씨와 예쁜 얼굴, 신인 가수나 모델로 오해할 수 있지만 진짜 사람이 아닌 가상 인간 즉, 컴퓨터 그래픽으로 만들어진 인물이다.

우리는 이미 20여 년 전 사이버 가수 아담을 통해 가상 인간을 만난 적이 있다. 하지만 아담은 기술력의 한계로 1집 발표 후 슬그머니 자취를 감췄다. 현재 사이버 속 가상 인간은 광고 모델을 비롯해 가수, 배우 등 다양한 분야로 진출하며 MZ세대들 사이에선 두터운 팬층을 확보하고 있다. 그중 광고 모델과 SNS 인플루언서로 활동하며 10대와 20대 사이에서 관심을 받는 가상 인간 '수아'를 만나 보았다.

김형일 / 가상 인간 제작회사 대표

"수아는 FULL 3D로 제작되었고 사람과 매우 흡사한 모습을 가지고 있습니다. 사람과 같이 말하고 움직이고 춤추는 등 사람이 하는 대부분 행위가 가능하다고 볼 수 있습니다. 아직은 FULL 3D로 제작된 디지털 휴먼이 많지는 않지만, 올해부터는 합성 기반이 아닌 FULL 3D로 제작된 다양한 가상 인간들이 많이 나올 것으로 생각합니다."

수아는 정교한 고해상도 그래픽으로 사실적인 피부와 자연스러운 표정 구현도 가능해서 실존 인물인 것 같은 착각을 불러일으킬 정도다. 또한 자연스럽고 역동적인 동작이 가능한 것은 바로 '자이로 센서' 때문이다. 모션 캡처 방식을 이용하여 캡처 전용 수트를 입고 센서를 신

예측할 수 없는 미래 사용설명서

가상 인간 제작에 필요한 모션 캡처 방법

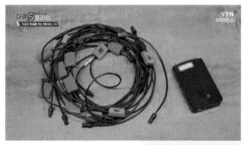

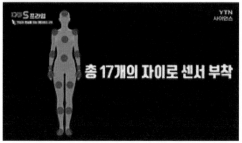

체의 관절 및 주요 부위에 부착한다. 몸에 붙인 센서는 총 17개로 자세를 바꾸면 대상의 움직임, 회전, 방향 등을 감지해 측정한다. 자이로 센서 기능이 있는 카메라와 컴퓨터의 가상공간을 연동시킨 다음, 움직이는 대상을 촬영하게 되면 컴퓨터 모니터에 수아의 모습이 보이게 되는 것이다.

가상 인간은 영화·광고·인플루언서 마케팅 등 다양한 분야로 진출이 가능하고, 향후 가상 인간 제작 및 활용 수요가 지속될 것으로 전망하고 있다. 이렇게 현신과 가까워진 가상 인간 세계. 인간보다 더 인간답게 만들기 위해선 기술 개발도 중요하지만 이를 즐기는 소비자 입장에선 더욱 중요한 것이 있다.

김형일 / 가상 인간 제작회사 대표

"수아같이 사람과 흡사한 가상 인간을 제대로 구현하기 위해서는 고성능의 컴퓨터 시스템이 필요합니다. 클라우드 서비스를 통해 실시간 스트리밍을 할 수 있게 만들어야 온전한 가상 인간으로서의 장점이 부각된다고 할 수 있습니다. 예를 들면 가상 세계에서 콘서트를 생방송으로 실시간 중계한다면, 모바일에서 끊김 없이 채팅하면서 콘서트를 즐길 수 있게끔 하는 것입니다. 5G 기술을 이런 점에서 매우 핵심적인 역할을 해줄 것으로 생각합니다."

디지털 세상 속 지구라고 불리는 메타버스, 하지만 수천만 명의 이용자가 동시에 접속해 지연시간 없이 실감 나는 메타버스를 체험하려면 핵심적인 기술이 필요하다. 바로 대용량의 데이터를 언제 어디서나 끊김 없이 전송받을 수 있는 '5G 기술'이다.

빛의 속도 5G

"이동통신 3사가 오늘 새벽 0시부터 서울과 수도권, 6대 광역시 등에서 차세대 이동통신 5G 사용화 서비스를 세계 최초로 시작했습니다."

통신3사, 5G 상용화 서비스 세계 첫 개시 2018. 12. 1 〈YTN〉

"이른바 '꿈의 통신'으로 불리는 5세대, 5G 서비스가 세계에서 처음으로 국내에서 첫 상용화에 들어갔습니다."

"세계에서 첫 상용화를 이룬 5세대 이동통신의 가장 큰 특징은 고용량의 데이터를 눈 깜짝할 속도로 끊김 없이 보내고 받을 수 있는 점인데요."

5G는 fifth generation의 약자로서 5세대 이동통신으로 불린다. 5G의 최대 전송속도는 20GbPS로 4G보다 무려 4배가 빠르다. 데이터 처리 속도는 10분의 1로 줄고 연결할 수 있는 기기들의 개수 또한 4G의 10배 이상으로 100만 대가 넘을 것으로 예상하고 있다. 또한, 5G는 4

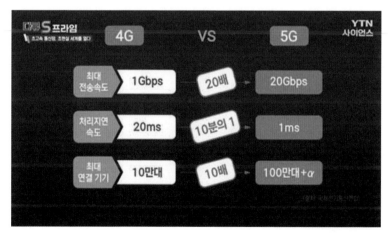

출처: 국제전기통신연합

차 산업의 대동맥이라 불리며 새로운 산업혁명을 여는 신호탄으로 여겨지고 있다. 3G에서 4G로 이동하면서 스마트폰이 보편화된 것처럼 4G에서 5G로의 이동은 더 많은 스마트 기기들이 우리 생활에 더욱 밀접하게 더 빨리, 더 많은 일을 처리할 수 있다는 걸 의미한다.

주기환 / 정보통신산업진흥원 디지털콘텐츠기반팀 수석

"정보통신산업의 주요 핵심 분야 중 하나가 네트워크 즉, 5G 무선망이라 할 수 있습니다. 이는 5G 환경의 특징인 초고속·초저지연·초연결성을 제공하는 환경을 의미합니다. 정보통신기술을 기반으로 하는 모든 산업 영역에서 널리 활용된다는 점에서 매우 필수적인 기반 요소라고 할 수 있습니다."

이현진 / 한국수출입은행 해외경제연구소 책임연구원

"일단 기본적으로 우리나라가 ICT 분야에 강점을 가지고 있고, 특히 전반적인 산업에 걸쳐서 디지털화 또는 전산화가 잘 되어 있기 때문에 그런 부분에 적응돼서 진흥이나 효율화 같은 부분이 보강해 줄 수 있을 것 같습니다. 특히 콘텐츠나 게임 그리고 IoT 가전 부분과 잘 융합되면 다른 제품들과 차별화를 둘 수 있고 큰 격차를 만들어내는 서비스와 제품을 만들 수 있다는 생각이 듭니다."

빠른 전송 속도와 초저지연성 이것이 5G가 가진 특징이다. 많은 데

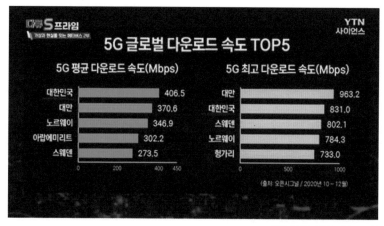

출처: 오픈시그널 2020년 10~12월

이터를 빠르게 전송해야 하는 산업 트렌드에 따라 5G는 산업 전반에 중요하게 쓰이고 있다. 전 세계 최초로 상용화에 성공한 대한민국 5G 기술. 다른 나라와 비교하면 과연 어느 정도 속도일까?

영국의 이동통신 시장 조사업체 '오픈시그널'일 15개 국가를 대상으로 5G 다운로드 속도를 측정한 결과를 공개했다. 우리나라의 5G 평균 다운로드 속도는 세계에서 가장 빠르고, 5G 최고 다운로드 속도는 대만에 이어 두 번째로 빠른 것으로 조사됐다. 하지만 속도를 온전히 체감하지 못하는 경우가 많다는 불만도 많다.

2021년 12월 말 기준, 통신 3사가 실제로 준공을 완료한 5G 기지국은 138대에 불과했고 따라서 기지국이 없는 지역이거나 5G망에 접속하기 어려운 경우엔, 4G 네트워크에 연결되는 시간이 더 많을 수밖에 없다. 자연히 한국은 4G 접속 시간 비율이 다른 나라에 비해 높을 수

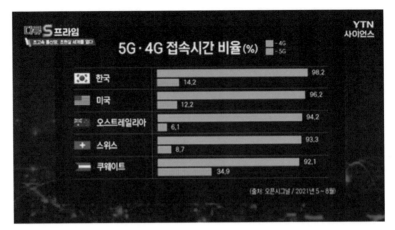

출처: 오픈시그널 2021년 5~8월

밖에 없는 현실이다. 그래서 초고속 5G를 제대로 누릴 수 있는 대책을 강구했고, 그 해결 방안 중 하나가 바로 '스몰 셀(small cell)'이 대두되고 있다.

백상현 / 고려대학교 전기공학부 교수

"일단 셀이라고 하는 것 자체는, 어떤 기지국이 있고 기지국에 통신할 수 있는 반경을 '셀'이라고 이야기합니다. '스몰 셀'이라고 하면 그게 작아졌다는 말입니다. 스몰 셀이 중요한 이유는 3G, 4G, 5G로 가면서 더 빠른 속도를 요구하면서부터 높은 주파수 대역을 사용하기 시작했습니다. 높은 주파수 대역은 전파의 특성상 신호가 똑같은 전송 파워를 사용했을 때 멀리 못 가고 작게 형성되는 특성이 있습니다. 그러다 보니까 촘촘하게 기지국을 더 많이 세워서 셀을 작

예측할 수 없는 미래 사용설명서

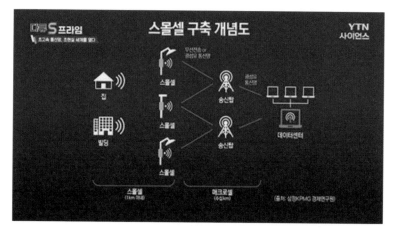

게 유지하면서 고속 데이터를 지원하겠다는 것이 스몰 셀이라고 보
시면 될 것 같습니다."

'스몰 셀(small cell)'은 주파수 송수신과 데이터 처리 등 무선 기지국
기본기능을 갖추고 용량과 전파 도달 거리를 줄이는 등 성능을 간소화
한 무선 장비이다. 가격이 상대적으로 저렴하고 공간 제약 없이 간편하
게 설치할 수 있다는 장점도 있어서 스몰 셀이 더욱 대중화되면 5G를
더욱 확실하게 체감할 수 있을 것이라고 전문가들은 말한다. 하지만 속
도가 빨라졌다고 해서 메타버스가 완벽히 구현되고 사물인터넷을 편
안하게 즐길 수 있는 것은 아니다. 데이터를 지연 없이 전송해 주는 처
리 속도 또한 중요해졌다.

모바일 엣지 컴퓨팅(MEC)

데이터 전송 거리를 단축하고 초고속·초저지연 서비스를 가능하게 하는 기술 모바일 엣지 컴퓨팅(Mobile/Multi-access Edge Computing), 일명 'MEC 기술' 역시 중요해졌다.

박수명 / 한국전자통신연구원 책임연구원

"MEC는 Mobile/Multi-access Edge Computing의 약자로 이동통신사 망 가장자리에 위치한 컴퓨터 자원을 원격에서 제공하는 개념으로 데이터 스토리지, 컴퓨팅 파워와 같은 인프라 서비스를 제공합니다. 초고속·초저지연·초연결성 특성을 가지는 5G망 도입과 4차 산업 시대의 디지털 트랜스포메이션에 필요한 핵심 플랫폼 서비스인 AI, 블록체인, 빅데이터 IoT 서비스를 제공할 수 있는 인프라로 MEC가 대두되었습니다."

5G 시대의 핵심 기술로 손꼽히는 모바일 엣지 컴퓨팅(MEC) 기술이란, 한 대의 중앙 컴퓨터로 모든 데이터를 처리했던 과거 클라우딩 컴퓨터와는 달리 MEC는 사용자와 가장 가까운데 위치한 서버가 이를 분산처리하는 구조이다. MEC가 적용되면 중앙 컴퓨터까지 데이터를 주고받을 필요 없이 교환국 단위의 서버에서 처리돼 속도가 더욱 빨라지기 때문에 MEC의 중요성은 더욱 커지고 있다.

백상현 / 고려대학교 전기공학부 교수

"메타버스의 기반 기술이 AR이라든지 VR 서비스입니다. 어떤 디바이스가 있다면 카메라를 통해서 인식한 정보와 컴퓨터에 있는 정보를 결합해야 하는데 그런 과정에서 많은 프로세싱을 요구합니다. 그리고 사용자들이 어떤 메타버스 또는 VR 관련 디바이스를 장착한 상태에서 서비스를 즐길 때 이게 빠르게 처리되지 않고 지연이 발생하면 불편함을 느끼거나 심할 경우에는 어지러움까지 느낄 수 있습니다. 그런 것들을 빠르게 처리할 수 있는 관점에서 전통적인

클라우드 컴퓨팅 구조와 5G MEC 구조 차이

중앙 클라우드보다는 엣지 클라우드가 큰 역할을 할 수 있을 것 같습니다."

초고속·초저지연이란 특성을 가진 5G MEC가 가장 활발하게 구현되는 산업은 바로 게임 산업이다. 현재 VR 시장은 실제와 똑같이 체감하며 즐기는 게임 콘텐츠 산업개발이 활발하다. 우리가 찾아가 본 서울 마포구에 있는 VR 게임업체는 시뮬레이터와 연동한 가상현실 개발력을 인정받아 다양한 VR 콘텐츠를 개발하며 출시 중이다. 현재는 가상현실 속 전쟁터에서 실존했었던 탱크에 탑승해 실감 나게 전투를 경험해보는 대전 게임을 선보이고 있다.

김홍석 / VR 게임업체 대표이사

"저희같이 VR 게임을 개발하는 업체 입장에서는, HMD(머리 착용 기계)라고 하는 단말기가 아직은 와이파이 모델이 주축입니다. 5G 활성화에 따른 직접적인 영향은 아직 받지 않고 있는데, 현재 실험적으로 준비되는 5G MEC 서비스가 활성화된다면 지금처럼 다운로드 후 즐기는 게임에서 다운로드 없이 스트리밍 형태로 즐기는 게임 형태가 폭발적으로 증가할 가능성도 크다고 생각됩니다."

실시간으로 접속하고 수많은 유저가 함께 진행하는 온라인 게임 특성상 빠른 속도와 끊김 현상이 적은 5G MEC는 앞으로 게임 산업에 큰

예측할 수 없는 미래 사용설명서

영향을 끼칠 것으로 예상된다. 특히 급변하는 세계 게임 시장에서 우위를 차지하기 위해서는 5G MEC 도입이 시급한 시점이다.

김홍석 / VR 게임업체 대표이사

"VR 게임에 5G MEC 서비스가 접목될 수 있다면, 지연이나 끊김 없이 광활한 공간과 화려한 그래픽 효과 속에서 네트워크로 대전하는 게임 콘텐츠들이 대량 활성화될 수 있을 것입니다. 초 단위로 경쟁하는 레이싱 게임이라든지, 짧은 시간 내에 실력에 따라 승패를 가르는 스포츠 게임, 네트워크 게임 등이 더욱 활성화될 수 있을 것입니다."

현재 통신 시장은 통신 서비스보단 초고속·초저지연 등 MEC에 특

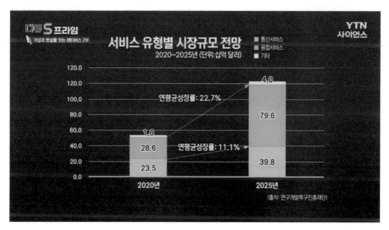

출처: 연구개발특구진흥재단

화된 5G의 특성이 가미되어 스마트 팩토리, 스마트 오피스, VR 서비스 등 5G 융합서비스가 큰 축으로 성장할 것으로 내다보고 있다. 이에 정부는 앞으로 세계 최초 5G를 넘어 세계 최고 5G+ 강국으로 도약하기 위해 범부처 민·관 합동 5G+전략위원회를 열고 '5G+ 융합서비스 확산 전략'을 발표했다. 국민체감 서비스를 활성화하는 '새롬길', 민간의 주도적인 참여를 유도하는 '나래길', 융합생태계를 구현하는 '보듬길', 글로벌 리더십을 확보하는 '누리길'로 구분하는 4대 부문에 로드맵이 주요 내용이다.

추진전략	4대 부문	9대 핵심과제 중점 추진
01 새롬길	5G+ 선도서비스 발굴·보급	1 사회현안 해결형 융합서비스 발굴 2 5대 핵심서비스 성과 창출
02 나래길	5G+ 융합서비스 민간 확산 유도	1 민간 중심의 확산 기반 마련 2 5G 특화망 활성화 3 공공부문 5G 활용 확산
03 보듬길	5G+ 융합 협력생태계 구현	1 5G+ 생태계 기반 조성 2 5G+ 전문기업 육성
04 누리길	5G+ 글로벌 리더십 확보	1 글로벌 5G+ 생태계 선점 2 5G+ 혁신기업 해외 진출

(출처: 과학기술정보통신부)

출처: 과학기술정보통신부

5G MEC 인프라 구축

이처럼 정부는 다양한 기업이 참여해 데이터를 축적·활용할 수 있게 하고 메타버스 등 5G MEC 플랫폼 구축 지원에 역점을 두고 있다. 그래서 정부는 메타버스 신산업 분야 기업 육성, 제작·실증 인프라 지원 등을 위해 ICT-문화융합센터를 '메타버스 허브'로 개편하고 관련 지원을 본격화 중이다.

판교에 위치한 메타버스 허브를 통해 자세히 알아보자. 이곳에는 메타버스 플랫폼·서비스를 기반으로 5G 초저지연 콘텐츠를 테스트해 볼 수 있는 5G MEC 기반 '가상융합랩'과 실시간 합성 및 모션 캡처부터 VR, AR 그리고 실감 영상 촬영 및 편집 등 고품질 영상 콘텐츠를 제작할 수 있는 '5G 가상융합 영상스튜디오'가 마련되어 있다. 또한 3D 입체 음향 제작, 스테레오 음향 등 고품질 음향 콘텐츠를 제작할 수 있는 '5G 가상융합 음향스튜디오' 등 다양한 오픈 랩과 체험관으로 이뤄져 있는 것이 특징이다.

주기환 / 정보통신산업진흥원 디지털콘텐츠기반팀 수석

"5G MEC 오픈 랩은 메타버스 산업 활성화에 도움을 주기 위해 메타버스 개발과 서비스 인프라 실감 콘텐츠 기업들에 제공하고 있습니다. 5G MEC 인프라는 기본적으로 메타버스 구현에 핵심 기반 요소라 할 수 있는 초고속·초저지연·초연결성 환경을 사전에 테스트할 수 있도록 이곳 '메타버스 허브'에 오픈 랩 인프라를 구축하고 있으며 5G 오픈 랩 이용은 무료로 지원 중입니다."

메타버스 허브에 구축된 또 다른 오픈 랩을 보자. 이곳은 이동통신 전파테스트를 위해서 만들어진 쉴드룸이다. 외부 전파들을 차단하고 5G 전파가 새나가는 것 또한 막기 때문에 최적의 환경에서 장비가 안정적으로 구동되는지 확인할 수 있다는 게 특징이다. 이를 통해 5G MEC 기반의 시스템이 빠르고 지연 현상 없이 작동하는지 검증할 수 있다. 이곳에선 의료용 VR 제품 중 하나인 안과용 'VR 수술 트레이닝 시뮬레이터'를 테스트 중이다. 의사가 수술 상황과 비슷한 조건에서 훈련할 수 있도록 한 장비로서 실습이나 수련이 필요한 의사를 위한 교육 프로그램의 일종이라 할 수 있다.

주재현 / 클라우드 VR 전문회사 이사

"5G 네트워크가 시작되면서 통신 속도 자체는 기존 대비 20배 정도 빨라졌지만 실제 체감 서비스는 차이를 느낄 수 없습니다. 하지만 MEC를 사용할 수 있는 서비스가 늘어나게 되면 데이터를 수집하고 처리하는 부분이 네트워크 엣지에서 진행되기 때문에 지연 시간이 단축되어 고대역폭을 사용하는 애플리케이션들에 대한 실시간 성능 향상이 이루어진다고 생각됩니다."

게임이나 엔터테인먼트 콘텐츠 개발에 주로 쓰였던 가상현실 기술이 이젠 'VR 의료기술 산업'에도 활발히 구현되고 있다. 미국에서는 실제 치료를 위한 VR 솔루션이 속속 사용 허가를 받는 추세다. 5G MEC가

예측할 수 없는 미래 사용설명서

접목된 VR 의료기술 산업은 더 빠르고 더 정확해지고 특히 더 많이 대중화될 수 있다는 장점도 있다.

권오준 / 수술 시뮬레이터 개발업체 대표

"의과생들이나 전문의, 수련의분들이 수술을 연습할 기회가 많이 부족한 것이 사실입니다. 하지만 국내에서 제공하는 솔루션은 따로 없으며, 외국 솔루션을 도입한다고 하더라도 고가의 장비를 도입해야만 해당 솔루션을 실행할 수 있습니다. 하지만 5G MEC를 활용한다면 어디서든 쉽게 체험을 즐길 수가 있고 저가의 장비로도 체험을 즐길 수 있습니다."

① 자율주행 자동차

모든 산업 분야에 고르게 사용되는 5G와 MEC 기술. 특히 자율주행 자동차에 MEC 기술은 필수이다. MEC는 곳곳에 설치된 서버에서 데이터를 수집·처리함으로써 지연시간 및 통신비용을 크게 절감할 수 있기 때문이다.

자율주행 자동차는 총 0에서 5레벨로 나뉜다. 레벨 1과 레벨 2까지는 자동차 주행 기능을 운전자 수행 유·무에 따라 결정되지만, 레벨 3부터는 시스템이 운전 조작에 대한 모든 기능을 담당한다. 하지만 레벨 3과 레벨 4에서는 시스템이 운전자의 개입을 요청하기도 한다. 우리가 흔히 말하는 완전 자율주행은 레벨 5단계.

SAE(미국 자동차 공학회) 자동화 레벨 정의 (2016.09)

단계	LEVEL 0 비자동화	LEVEL 1 운전자보조	LEVEL 2 부분자동화	LEVEL 3 조건부 자율주행	LEVEL 4 고등 자율주행	LEVEL 5 완전 자율주행
제어 주체	인간	인간+시스템	인간+시스템	시스템	시스템	시스템
	인간	인간	인간	시스템	시스템	시스템
주행 책임	운전자 항시 운행	시스템이 차간거리 조향등 보조	특정 조건에서 시스템이 보조주행	특정조건에서 자율주행 위험 시 운전자 개입	운전자 개입 불필요	운전자 불필요

완전 자율주행차가 운영되면 도로 위의 돌발 상황과 다른 차와의 빠른 정보 공유가 중요시된다. 교통상황은 시시각각 변하기 때문이다. 그래서 변화되는 정보를 LTE보다 20배 이상 빠른 5G 기술과 지연 없이 안정적으로 데이터를 공급해주는 MEC 기술은 필수다.

강경표 / 한국교통연구원 자율협력 주행연구센터 책임연구원

"실제 도로 교통상황에서 자율주행차가 '걸어 다니는 대규모 컴퓨터'라고 볼 수 있습니다. 차 안에서 대규모 컴퓨터 기반의 용량을 처리하려고 하면 상당히 많은 양의 빅데이터 정보가 필요합니다. 그 빅데이터 정보는 인적 요인인 사람이 직접 수집해서 판단하기에는 한계가 있습니다. 다양한 도로 교통상황, 악천후 상황 또는 주변에 있는 차량 상태 정보 또는 주변에 있는 인프라 정보 등에 대한 고용

예측할 수 없는 미래 사용설명서

량 데이터를 5G 기반의 V2X(차량·사물 통신)로 수집하고, 그것을 차 안에서 자율주행 시스템이라는 걸어 다니는 컴퓨터가 신속하게 고용량 정보를 판단해서 제때 행동을 취할 수 있는 엣지 컴퓨터 기술이 주목받고 있다고 보시면 되겠습니다."

차량과 보행자, 교통 인프라 등 모든 것이 5G와 MEC로 연결되는 '차세대 지능형 교통시스템'이 대중화되고 일상화되기 위해선 여러 과정이 필요하다. 1초마다 변화되는 도심 속 교통 데이터가 느리거나 끊기면서 전송되거나, 아주 적은 양만 전송된다면 자율주행 차량은 사고를 피하기 어려울 것이다. 그래서 완전 자율주행이 일상화되기 위해서는 빠르고 안정적으로 교통 데이터를 전송해 주는 5G MEC 기반 확충이 반드시 필요하다.

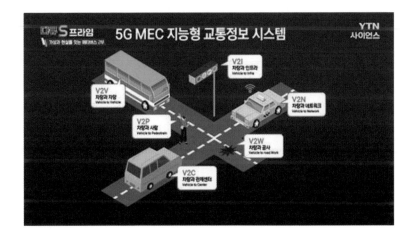

"차로 이동하면서도 실시간으로 처리할 수 있는 컴퓨팅 기술이 필요하지만, 주변 인프라에서도 인프라를 검지할 수 있는 검지 범위가 있지 않습니까? 검지 안에서의 인프라의 엣지 컴퓨터 기술, 주변에 있는 도로 교통상황, 차량 상태 정보나 기상 정보, 노면 정보 또는 보행 정보 등을 신속하게 받아서 기본적으로 처리할 수 있는 기능이 인프라에서도 필요합니다. 그런 정보가 각각 검지 범위 안에 심겨 있어야 합니다. 그 안에서 안전에 대한 긴급한 정보들은 빨리 현장에서 처리해 행동을 취할 수 있도록 해야 하고, 그건 당연히 초저지연 5G 기반으로 센터에서 서비스로 활용할 수 있도록 별도의 운영 체계를 마련되어야 한다고 봅니다."

② 디지털 헬스케어

5G MEC의 기술 발전은 자율주행차의 사고 대응뿐만 아니라 의료기기 산업 발전에도 긍정적 영향력이 높아지고 있다. 코로나19 사태 이후 비대면이 일상화되면서 시간과 장소의 제약 없이 개인의 건강 상태를 관리하려는 사람들의 관심도 높아졌다. 그로 인해 디지털 헬스케어 시장이 확대됐고, 시장이 커진 만큼 더 빠르고 더 정확한 통신망의 필요성도 높아졌기 때문이다. '원격의료'라는 테마로 사물인터넷 기술 기반의 디지털 헬스케어 의료기기 생산업체를 찾아가 봤다. 이곳은 환자의 바이탈 사인을 원격으로 전송하여 받은 데이터를 의사들이 실시간

으로 대응할 수 있도록 플랫폼 및 장비를 만드는 회사다. 이곳에서 개발한 500원짜리 동전만 한 크기와 무게 8g의 작고 가벼운 패치형 기계는 탈부착이 가능해서 얼핏 보면 둥그런 파스랑 비슷해 보인다. 이 기기는 심장 이상 징후를 실시간으로 포착할 수 있는 디지털 헬스케어 심전계이다.

박정환 / 디지털 헬스케어 업체 대표이사

"병원 안에서 심장이 안 좋을 때는 '홀터 검사(심전도검사)'라는 걸 합니다. 홀터 검사 장비라는 걸 붙이고 집에서 하루 정도 경과 후 다시 병원에 와서 진단하게 되는데, 저희 장비 같은 경우에는 환자가 파스처럼 간단하게 붙이고 일상생활을 자유롭게 하면 그 데이터가 클라우드 속으로 넘어갑니다. 그러면 병원에서 환자의 데이터를 원격으로 판독하게 됩니다. 원격을 통해 환자의 상태를 계속해서 의료진이 판단할 수 있는 근거가 되기 때문에 이런 부분들이 조금 특이한 경우라고 말씀드릴 수 있을 것 같습니다."

심장이 안 좋을 때 측정하는 심전계들은 가격도 비싸고 부피도 커서 휴대가 어려운 반면, 이 업체의 홀터 검사 장비는 동전만 한 파스 형태로 가슴에 붙이기만 하면 원격으로 데이터가 전송되고 심박수 모니터링이 가능하다. 불규칙한 심전도가 확인되면 빨간색으로 알림 표시가 뜨고, 이 데이터를 보호자나 본인의 스마트폰으로 확인이 가능하다. 그리고 의료진들에게 전송되어 의사가 원격으로 상태를 실시간 확인할 수 있다. 센서를 착용해서 데이터를 전송하는 IT 기기를 웨어러블 디바이스(wearable computer, 신체 곳곳에 착용할 수 있고 컴퓨팅 기능이 가능한 전자기기)라고 하는데, 이것을 가능하게 한 기술이 바로 5G와 MEC이다.

박정환 / 디지털 헬스케어 업체 대표이사

"실제 의료장비 같은 경우에는 인체를 다루는 것이므로 정확성이나 견고함 같은 부분이 굉장히 중요합니다. 그래서 속도라는 측면에서 보게 되면 기존의 3G, 4G, 5G까지 오게 되는데 속도가 증가하면 증가할수록 저희 의료장비에서 체크하는 루틴을 반복하는 부분들이 생기기 때문에 정확성이 굉장히 높아질 수 있습니다. 일례를 들자면, 저희가 1년 정도 전에 강원도에서 '규제자유특구'라는 사업을 통해서 소금산 출렁다리 산에 올라가 실증 테스트를 한 적이 있습니다. 실제로 망의 속도가 굉장히 빨라진 5G 형태의 통신이 이루어지고 있어서 야외에서의 생체 정보 전송이 가능해졌다고 보실 수 있습니다."

이 업체는 1년 전 원주에 있는 대학병원과 함께 원주 소금산 일대에서 일반인을 대상으로 야외 실증 테스트를 진행했다. 대상자가 가슴에 '패치형 심전계'를 부착한 후 보행하면서 발생하는 생체신호를 원거리에 있는 의료진에게 전송하는 방식으로, 이를 통해 실시간으로 심전도를 확인하고 응급상황을 분석해 대처하는 '건강관리 생체신호 원격모니터링 실증 사업(심전도 원격모니터링)'이다.

실험을 위해 가슴에 패치형 심전계를 부착한 후 산에 오르는 사람들의 목적지는 소금산 출렁다리다. 같은 시간 약 15Km 떨어진 인근 종합병원에서는 의료진이 대기 중이다. 걷거나 쉬는 동안에도 병원에선 각각의 심전도 정보가 실시간으로 모니터링되고 심전도 그래프를 통해 이상 신호가 보이는지 수시로 체크한다. 패치만 붙여도 환자의 심전도를 실시간으로 병원에서 알 수 있으니 발병률을 낮출 수 있고 큰 사고를 막을 수 있는 효과가 있다. 그래서 디지털 헬스케어 분야는 병원에서도 관심을 갖고 연구를 진행하고 있다.

이강윤 / 연세대학교 원주의과대학 응급의학과 교수

"의료진으로서는 환자의 생체 정보가 실시간으로 수집·분석됨으로 환자의 위험 요인을 예측할 수 있어서 환자 치료에 아주 중요한 기술이 되겠습니다. 환자 측면에서는 환자의 생체 정보가 실시간으로 모여 더욱더 많은 정보를 의사에게 제공되기 때문에 또 치료에 더욱 환자 개인 맞춤형 치료로 연결될 수 있어서 정확한 치료가 제공될 수 있습니다."

이뿐만이 아니라 디지털 헬스케어 시장에 5G MEC 기술 도입이 반드시 필요한 이유가 있다. 인간의 생명과 직결된 의료기기인 만큼 데이터 오류가 발생하거나 서버가 다운되는 경우엔 환자의 생명이 위험할 수도 있기 때문이다. 초고속·초저지연성 특성을 가진 5G MEC 기술은 디지털 헬스케어 시장에서 그동안 취약점으로 꼽히던 데이터 처리 부분 문제를 채워줄 수 있다. 5G MEC 기술이 활성화되면 디지털 헬스케어 시장의 확장성은 더욱 커질 거라 전문가들은 이야기한다.

박정환 / 디지털 헬스케어 업체 대표이사

"여러 사람의 데이터가 어마어마하게 많아졌을 때는 아무리 속도가 빨라지더라도 로드가 걸릴 수밖에 없습니다. 클라우드 컴퓨팅 속도가 많아졌을 때 여전히 서버가 다운된다든지 하는 문제들이 있기 때문에 디지털 헬스케어나 착용 측면으로 봤을 때 매우 큰 가치가 있는 게 'MEC'입니다. 왜냐하면 착용 장비의 특성상 프로세싱 능력에 한계가 있을 수밖에 없습니다. 그럼 엣지 컴퓨팅이 도입된다면 파급효과는 어마어마해질 수 있냐는 겁니다. 예를 들면 착용한 시계가 됐건, 패치가 됐건 바이탈 사인을 특정하는 장비에서 엣지 컴퓨팅을 이미 실행하면서 전송이 이루어진다. 그것은 디지털 헬스케어에 있어서 향후 폭발적으로 성장할 수 있는 기술일 수밖에 없다는 생각을 합니다."

③ 스마트산업단지

5G MEC의 발달은 안전과 직결된 산업단지 조성에도 영향을 미치고

있다. 정보통신기술 기반의 지능화 서비스를 활용해 첨단 신산업이 성장할 수 있도록 혁신적인 입지 여건과 지원 프로그램이 제공되는 스마트산업단지가 조성되고 있다. 하지만 산업 현장에서 위험 요소는 늘 자리 잡고 있다. 이에 현장 작업자의 상태를 파악해 위험한 상황이 발생하는 것을 막는 스마트 안전관리 시스템 제품이 주목받고 있다.

현장 작업자에게 발생할 수 있는 위험 상황을 모니터링하고 실시간으로 확인할 수 있는 '스마트 안전모'를 연구·개발 중인 한 업체를 찾았다. 안전모를 착용하는 순간 착용자의 신체 정보를 비롯해 추락이나 넘어짐 등의 예상치 못한 사고 발생을 실시간으로 인지할 수 있는 생체신호처리 기반 스마트 안전모다.

한형섭 / 생체신호처리 기반 플랫폼 개발업체 대표

"안전모는 근로자가 의무적으로 써야 하는 필수 안전 장구류입니다. 여러 가지 웨어러블 기기들이 있지만, 저희는 근로자가 항시 써야 하는 안전모에 센서를 부착해서 생체 정보를 취득하는 아이디어를 얻었습니다. 근로자의 뇌파와 심장박동수 그리고 근로자의 움직임 등 내장된 가속도 센서를 통해 실시간으로 측정·분석합니다."

이곳에서 개발하고 있는 생체신호처리 장치는 모듈 형태로 제작돼 기존의 안전모에 탈부착할 수 있다. 이 모듈은 뇌파와 심장박동수를 측정하며 체온 센서 등 다양한 센서와 결합할 수 있도록 설계된 것이 특징이다. 이렇게 감지된 사용자의 생체리듬은 산업용 안전모에 부착된 무선통신·감지 센서·경보 알림 등의 모듈을 통해 실시간 건강관리 정보를 나타낸다. 근로자가 안전모를 착용한 후 움직이면 센서가 자동으로 착용자의 뇌파, 심박도, 가속도 등의 생체신호를 취득해 작업자의 위험 상황을 분석할 수 있다. 스마트폰을 사용할 수 있는 곳이기만 하면 장소와 관계없이 모니터링이 가능하고 근로자 개개인의 헬스케어에도 도움이 된다.

근로자가 안전모를 미착용하거나 혹은 불의의 사고로 쓰러지는 상황이 발생하면 알람이 울린다. 이 알람은 안전모의 센서가 중앙 서버로

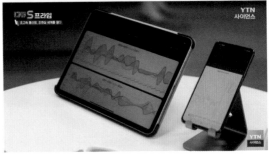

예측할 수 없는 미래 사용설명서

내용을 전송하고 안전관리자가 이를 파악할 수 있도록 울리므로 즉각적인 조치가 가능하다.

한형섭 / 생체신호처리 기반 플랫폼 개발업체 대표

"5G MEC 망을 이용했을 때는 공중망을 이용하지 않기 때문에 일단 생체리듬 정보들이 민감 정보에 해당할 수 있습니다. 그런 개인정보에 대한 보안성 부분이 첫 번째이고, 속도 면에서 월등히 빠르다는 점이 있습니다. 그리고 무엇보다 재난 시 공중망이 터지지 않았을 때도 자체적인 MEC망이 구축되어 있기 때문에 안전관리시스템이 작동한다는 장점을 가지고 있습니다."

어떠한 위급 상황에서도 언제 어디서나 작동해야 하는 안전관리 기기들. 그렇기 때문에 항상 안정적으로 작동해야 하고 대용량의 데이터가 끊김 없이 빠르고 지속적으로 어디서나 전송이 되어야 한다. 그래서 정부는 지난 2020년부터 '5G 융합서비스 공공부문 선도적용사업'을 각 분야로 추진 중이다. 특히 스마트산업단지에서는 대용량의 데이터를 빠르고 효과적으로 처리할 수 있도록 기지국과 교환국 사이에서 데이터를 빠르게 처리하여 트래픽을 줄이는 초저지연 로컬 서비스 제공을 가능케 했다.

④ 스마트 캠퍼스

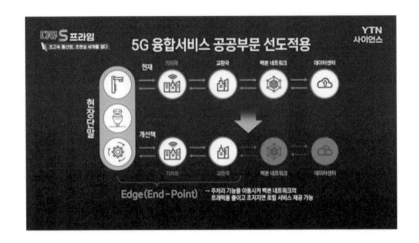

의료 그리고 산업 분야를 넘어 이제 5G MEC는 교육 분야에서 '스마트 캠퍼스'로 거듭나고 있다. 경상남도 진해 한반도 남쪽 끝단에 있는 해군사관학교는, MEC 기반 '5G 융합서비스 공공부문 선도적용사업'을 통해 2025년 구축 완료를 목표로 스마트 캠퍼스를 조성 중이다.

이형민 중령 / 해군사관학교 추진체계학 교수

"해군사관학교는 2019년 8월 스마트 워치와 5G 기술을 이용한 해양 안전 모니터링을 구축했습니다. 4차 산업혁명에 부합하는 스마트 해군을 이끌어갈 우리 미래 해군사관생도를 양성하기 위해서 학교에 5G가 적용된 교육환경을 구축하게 된 것입니다."

해군사관학교의 스마트한 교육환경을 살펴보자. 먼저, 영화 〈매트릭스)에서 이름을 따온 '360도 매트릭스 뷰 실습실'은 교수자의 동작을 37대의 카메라가 동시에 촬영해 전방위 각도에서 확인할 수 있도록 만든 교육 콘텐츠다. 교수자가 사전에 촬영한 실습 영상을 사관생도들은 태블릿PC를 통해 360도 어느 방향에서나 자신이 원하는 화면을 볼 수 있는 생생한 '실험 실습서'가 가능해졌다.

또 다른 실습실에선 홀로그램 강의 영상을 촬영 중이다. '홀로그램 스튜디오'는 강의자가 현장 강의를 하는 것과 같은 교육 효과를 얻을 수 있도록 학습자 중심의 원격강의 플랫폼을 구축했다. 서울 재경근무지원대대 홀로그램 스튜디오에서 촬영한 영상은, MEC 기반의 초고속 5G 통신망과 홀로그램 전시기를 이용해 지연 없이 송출되고 수도권 지역 저명 강사들이 해군사관학교를 방문하지 않아도 양방향 실시간 교육이 이뤄지는 시대가 실현했다. 그 외에 '디지털 트윈 기반의 함정 복합 추진체계'는, 구조물의 외형적인 형태만 볼 수 있었던 기존의 한계를 극복하고 구조물 내부를 관찰하고 학습도 가능한 최신기술이 적용된 실감형 교육 콘텐츠다.

이형민 중령 / 해군사관학교 추진체계학 교수

"해군사관생도들이 함정에 직접 가서 현장 학습을 하는 게 매우 제한되어 있어서 함정에 구성된 추진체계를 역설계를 통해 디지털 트윈과 5G 융합 기술을 접목하여 태블릿PC를 이용해서 학습할 수 있습니다. 이를 통해 눈으로 직접 확인함으로써 생도들의 이해 폭을 더 넓히는 데 많은 도움이 된다고 봅니다."

해양스포츠 분야에서도 스마트 체력단련 시스템을 구축했다. 해상에서 훈련하려면 날씨를 고려해야 하고 배를 진수해야 하는 등 복잡한 과정을 감수해야 했다. 하지만 '조정 시뮬레이터'는 이러한 제한사항을 극복하게 해줬다. 사관생도들이 시뮬레이터에 앉아 조정 훈련을 하면 종료 후 자동으로 개인과 동료의 운동데이터가 분석된다. 측정된 훈련 기록은 모두 데이터베이스화되어 사관생도들이 스스로 체력을 키울 수 있도록 만든 5G MEC 기반 스마트 시뮬레이터다.

이형민 중령 / 해군사관학교 추진체계학 교수

"해군사관학교는 2021년 과학기술정보통신부 주관하에 5G 융합서비스 공공부문 선도사업에 스마트 캠퍼스 사업에 참여하게 돼서 현재 5G MEC 기반의 스마트 캠퍼스 초석을 다지게 됐습니다. 해군사관학교는 2022년 상세 설계를 기반으로 앞으로 해군사관학교가 추구하고 있는 스마트 캠퍼스 화를 위해서 꾸준히 노력할 계획이며, 이러한 계획을 바탕으로 우리 해군 교육부대뿐만 아닌 민간대학에 5G 융합 부분을 선도할 계획을 하고 있습니다."

이제는 총과 칼 대신 스마트 기기로 무장한 충무공의 후예들. 5G MEC 기반 스마트 캠퍼스 구축은 해양 강국 대한민국을 이끌어 나갈 해군사관학교 생도의 교육뿐만 아니라 스마트 병영으로 변신시켜줄 해결책이 될 것이다.

이제 가상현실은 하나의 유형에 그치지 않고 융복합 서비스로 진화하고 있다. 가상공간에서 게임하고 일상을 기록하고 경제 활동을 하는 등 다양한 기술이 결합되며 대체 불가능한 토큰 NFT까지 크게 주목받고 있다. 이젠 메타버스 내에서 주고받는 모든 활동이 진짜 현실 생활에도 영향을 끼치는 시대. 가상과 현실의 벽이 무너진 시대가 찾아온 것이다.

세계가 인정하는 IT 강국 대한민국에 메타버스는 위기이자 기회다. 앞으로 5G MEC 기술과 접목된 가상현실 세상은 가상이 아닌 진짜 현실이 될 날이 멀지 않았다. 5G MEC 기반의 연구개발과 안전적인 투자만이 디지털 신대륙, 메타버스 세상을 선점하고 디지털 강국으로 다시 한번 자리 잡는 기회가 될 것이다.

2장

디지털 트랜스포메이션
(Digital Transformation)

디지털, 혁신 전략이 되다

인터넷의 발달로 우리는 아날로그 기반에선 경험할 수 없었던 편리함을 알게 되었다. 많은 이들이 디지털의 매력에 빠져드는 사이 아날로그 산업은 빠른 속도로 쇠퇴하였고, 기업은 이제 새로운 혁신을 만들지 않으면 생존이 위험해질 수 있는 위기에 봉착했다. 디지털 전환 컨설팅업체의 윤정원 대표는 '디지털 솔루션에 대해서 모르면 앞으로 우리 기업은 살아남을 수 없구나'라는 부분들에 대한 걱정이 너무 팽대해 있다고 말했다.

"2년이 걸릴 디지털 트랜스포메이션이 코로나19가 트리거가 되어 2개월 만에 이루어졌다."

사티아 나델라 / 마이크로 소프트 CEO

"앞으로 4년간 디지털 트랜스포메이션에 의해 약 7조 달러의 새로운 시장이 형성될 것이다.”

빌 맥더모트 / 소프트웨어 서비스 나우 CEO

“소비자의 마음을 사로잡는 기업들은 지속적인 개선을 위해 디지
털 트랜스포메이션을 적극적으로 추진하고 있다.”

존 도나호 / 나이키 CEO

변화하거나 혹은 도태되거나, 디지털 전환이 무엇이기에 전 세계의
경제와 산업에 큰 변화를 유발하는 것일까? 그리고 이러한 변화는 우
리에게 어떠한 영향을 줄까? 예측할 수 없는 미래를 대비하는 단 하나
의 방법, 디지털 대전환의 시대가 다가오고 있다.

생존전략이 된 디지털 전환

인천의 대표적 상권 중 하나인 부평 지하 쇼핑센터가 있다. 축구장
약 5개에 달하는 면적에 1,400개 이상의 점포가 들어서 있는 국내 최
대 규모의 지하상가다. 하루 평균 유동인구가 어림잡아 10만 명으로
이는 곧 소상공인들의 매출로 직결되면서 지금의 규모로 번창하게 됐
다. 그러나 코로나 이후 사정은 완전히 바뀌었다. 평소 매출의 2%도 안
되는 날들이 길어지자 차라리 영업을 포기하는 점주들이 늘게 되었고,
이 같은 분위기는 전국의 다른 오프라인 상점들도 다르지 않았다.

출처: 서울연구원. 신한카드

　서울시가 코로나19 1년을 맞아 각 유관기관과 빅데이터 분석을 통해 오프라인 상점 매출의 변화를 조사한 결과이다. 전년 대비 약 9조 원 하락한 것으로 집계되었고, 격차가 가장 심각한 시점은 3차 대유행이 확산된 연말 시즌으로 전년 대비 34% 하락한 것으로 나타났다. 시민들의 사회적 거리두기 참여 덕분에 더 큰 확산을 막을 수 있었지만, 대면 서비스를 위주로 하는 영세 소상공인들에겐 큰 생채기가 남게 되었다. 하지만 쉽게 포기할 수는 없다. 이 위기를 극복하기 위해 온라인 플랫폼에서 새로운 판로를 찾고 있는 상인이 있어 만나봤다. 주인공은 의류 소매업 사장님 박윤서 씨로, 부모님의 업을 이어받아 6년째 의류를 판매하고 있다. 박윤서 씨는 걷잡을 수 없는 매출 하락으로 고심하던 때에 우연히 '라이브 커머스(Live Commerce)'라는 매체를 접하게 됐다.

"라이브 방송을 한 계기는 매출 때문이죠. 코로나 때문에 매출이 많이 떨어졌는데 뭐라도 해야겠다는 생각에 라이브를 시작하게 됐습니다. 처음 코로나가 시작되었을 때 매출이 80% 정도 떨어졌는데 라이브 방송을 하면서 50% 정도 올라왔습니다."

라이브 방송 시작한 지 6개월 차, 이제는 길 가던 손님도 알아볼 정도로 라이브 방송계에서 핫해졌다. 일주일에 네다섯 번씩 꾸준히 라이브 방송을 진행한 덕에 현재 팔로우 수는 약 2천 명. 방송을 켤 때마다 접속자가 많게는 700명에 이른다고 한다. 옆집 오빠 같은 친근함과 유머를 겸비한 말솜씨로 고객들과 능숙하게 소통하는 박윤서 사장님. 스마트폰과 작은 조명 하나면 방송 준비를 완료하고 시작과 함께 채널이 시끌벅적해진다.

선착순으로 특가 상품을 판매하거나, 무료로 증정하는 등 다양한 이벤트를 여는 것도 라이브 방송의 묘미이다. 처음엔 텅 빈 매장에서 혼자 카메라를 보고 방송하는 게 어색했지만 스마트폰이라는 익숙한 장치 덕에 생각보다 빨리 적응할 수 있었다고 한다. 방송을 진행하는 동안 쉴 새 없이 팔려나가는 옷. 5시간의 방송 동안 무려 400벌을 판매했다. 이렇게 비대면 전략을 활용한 덕분에 지금까지 버틸 수 있었다.

박윤서 / 의류 소매업 사장

"처음 시작했을 때 어떤 앱이 있었는데 지인이 추천해 주셔서 정말 쉽게 판매할 수 있다고 해서 가입했습니다. 저희 보세 옷도 받아주고 백화점 옷이나 브랜드 옷이 아니라도 받아주는 게 저는 편안했어요. 그래서 마음 편히 라이브 방송을 할 수 있게끔 해주셔서 너무 좋았어요."

사람과 만물이 서로 데이터를 주고받으며 새로운 가치를 무한히 만들어내는 초연결 시대. 디지털 전환은 먼 곳이 아닌 이미 우리의 삶 속에서 벌어지고 있다. 의식주를 포함해 거의 모든 교류가 이제는 디지털

쉽게 접하는 디지털 일상

예측할 수 없는 미래 사용설명서

의 영향권에 속해 있기 때문이다. 날씨나 미세먼지 상태를 확인하기 위해 신문이 아닌 포털에서 필요로 하는 정보를 탐색하는 것. 학교에서 인쇄된 책이 아닌 다양한 콘텐츠를 이용할 수 있는 디지털 교과서로 학습하는 것. 음식을 주문할 때 점원 대신 무인화 시스템인 키오스크를 활용하는 것. 그리고 앞서 만나본 옷 가게 사장님처럼 모바일을 통해 실시간으로 물건을 사고팔 수 있는 플랫폼인 라이브 커머스까지, 모두 디지털 전환이 일어난 것이다.

유병준 / 서울대학교 경영학과 교수

"보통 우리가 생각하기에 인터넷이나 디지털 기술들이 대기업이나 플랫폼 기업에 유리하다고 생각합니다. 하지만 이러한 것들이 스몰 비즈니스(small business system)에 도움을 줄 수 있다는 것을 확인하기 위해 연구하고 있습니다. 예를 들어서 지금 오프라인 골목 상권의 작은 기업들 즉 소상공인들이 있습니다. 소상공인 중에 점포를 열 수 있는 비용도 없을 정도로 더 작고 더 젊은 소상공인들이 많습니다. 그런 소상공인들의 비즈니스가 가능하도록 해준 게 플랫폼입니다. 물론 플랫폼을 제공하는 기업은 큰 기업이지만, 그 뒤에 훨씬 더 많은 수십만의 소자본 소상공인들의 사업이 가능하게 된 것입니다."

4차 산업과 소비자의 심리에 발맞추어 오프라인 매출이 하락하고 온라인 매출이 상승하고 있던 근래, 코로나19의 등장은 유통 시장의 구조를 가속했다. 국내 굴지의 IT업계에서도 앞다투어 '온라인 전환'에 사활을 걸었다. 일찌감치 디지털 전환에 대응한 플랫폼 기업들은 이번 코로나 사태가 오히려 기회의 창으로 작동해 이른바 '코로나 특수'를 누리기도 했다. 국내 양대 IT 플랫폼 기업인 K사와 N사는 하루 평균 100억 원 이상의 매출을 올리면서 2020년 각각 연 매출 4조 원, 5조 원을 돌파했다(2021년 방송 기준). 이에 대해 기업 측에서는 "기업들과 중소상공인들에게는 디지털 기반의 비즈니스 기회를 넓혀 주고, 이용자들에게는 일상이 디지털로 빠르게 전환될 수 있도록 지원하는 것이다"라고 전략을 발표했다.

디지털 트랜스포메이션(Digital Transformation)

디지털 트랜스포메이션(디지털 전환)은 한마디로 '디지털 관점으로 산업 구조를 재편하는 것' 또는 '디지털의 힘을 통해 문제를 해결하는 행위'라고 설명할 수 있다. 인간의 노동력을 기반으로 해결하던 업무를 전산화, 자동화함으로써 효율을 높이고자 하는 것이다. 아날로그를 디지털화하여 작업의 프로세스, 사용자의 경험, 심지어는 비즈니스의 방향과 속성을 바꾸는 과정이다. 전문가들은 이러한 개념 안에서 기업의 특성과 요구에 따라 다양한 형태의 디지털 기술이 요구될 수 있다고 설명한다.

예측할 수 없는 미래 사용설명서

디지털 트랜스포메이션 구조 개념

윤정원 / 디지털 전환 컨설팅업체 대표

"디지털 트랜스포메이션의 정의는 학자마다 다릅니다. 그런데 쉽게 말하면 '디지털 트랜스포메이션은, 디지털 기술을 이용해서 현재 있는 비즈니스를 성과 창출한다'라는 게 첫 번째입니다. 그것을 기반으로 미래의 무엇을 우리의 새로운 먹을거리로 가져갈 것인가. 뉴 비즈니스 모델에 대한 혁신하는 굉장히 중요한 단어입니다."

김긍환 / IT 서비스기업 혁신사업부 DT컨설팅 그룹장

"디지털 트랜스포메이션이란 용어 자체가 굉장히 추상적인 개념입니다. 말 그대로 하나의 화두 정도라고 보시면 될 것 같습니다. 예전에 다양한 IT 투자, IT 혁신이 최근에 디지털 기술이 좀 더 발전하면서 그런 것들을 통해 IT 혁신의 퀀텀 점프(Quantum Jump, 물리학 용

어로 대약진을 의미)를 할 수 있는 또 하나의 계기가 되었기 때문에 디지털 트랜스포메이션이라는 용어가 생겨났다고 보고 있습니다. 제조업 같은 경우에는 제조 현장에서의 설비나 공정 데이터를 분석해서 어떻게 하면 제품의 수율이나 품질을 높일 수 있을 것인지의 관점에서 빅데이터 기술이나 인공지능(AI) 기술 등의 활용도가 높을 수 있습니다. 물류나 금속 같은 경우에는 다양하고 많은 거래를 어떻게 하면 정확하고 빠르게, 안전하게 처리할 수 있을 것인지 관점에서 블록체인 같은 기술들이 많이 활용될 수 있다고 볼 수 있겠습니다."

아날로그 방식을 '힘'이라고 한다면, 디지털 방식은 '정보'라고 할 수 있다. 아날로그 시대에는 누가 더 많은 철도나 고속도로를 건설하는지가 중요했지만, 디지털 시대에는 누가 더 많은 정보를 만들고 저장하고 전송할 수 있는지가 더 중요하다. 현재 전 세계에서 클라우드 시스템이나 인공지능 기술을 앞다투는 이유가 이 때문이다.

디지털 전환의 전설적인 사례라고 하면 '월마트'의 부활을 빼놓을 수 없다. 미국 최대의 유통기업이 아마존의 진격으로 한동안 침체기를 맞이해야 했다. 특히 2010년 이후 스마트폰의 보급으로 소비자들이 오프라인에서 온라인 쇼핑으로 이동하기 시작하면서 2016년부터 온라인 쇼핑몰 인수, 간편결제 시스템 도입, e커머스 시장에 발을 내디디며 디지털 전환의 기반을 마련하기 시작한다. 리테일 기업의 장점을 살려 고객이 더 빠르고 편하게 물건을 구매할 수 있도록 온라인 상점에 많

예측할 수 없는 미래 사용설명서

은 공을 들였고, 픽업 시스템을 적극 도입함으로써 새로운 출발점을 맞이하게 된다.

명실공히 글로벌 넘버 원 커피 브랜드 S사는 유통산업계의 디지털 전환 선구자로 손꼽힌다. S사는 사람들이 회사의 앱을 더 많이 활용할 이유를 만들기 위해 모바일 앱 생태계를 구축했다. 앱으로 주문하는 사이렌 오더, 자동 결제, 적립, 리워드, e프리퀀시 등 다양한 모바일 서비스들을 개발했다. 특히 '사이렌 오더'를 통해 우리는 더 이상 매장에서 직접 가서 음료를 주문하거나 기다릴 필요가 없게 됐다. 2020년 미국 내에서 S사의 모바일 결제 시스템을 사용한 인구는 약 2,800명으로 기타 페이 시스템 이용보다도 많은 기록을 남기며, 디지털 기술을 이용해 매출 증대와 새로운 서비스 개발이라는 두 마리 토끼를 잡았다. S사는 여기서 그치지 않고 이미 대중화된 사이렌 오더를 적극적으로 활용하기 위해 2019년 뉴욕에 앱을 통해서만 주문과 픽업이 가능한 '모바일 픽업 온리 스토어(Pick-Up ONLY, 모바일 전용 매장)'를 열었다. 교통량과 유동인구가 많은 점을 공략해 회전율을 올리는 데 성공했다.

전 세계 나무 생산량의 약 1%를 소비하는 글로벌 가구 회사 I사의 디지털 전환은 무엇이었을까? I사의 디지털 솔루션은 바로 '증강현실'이다. 다양한 라이프스타일을 반영한 쇼룸이 수백 개 갖춰져 있지만, 막상 내 집 안에 들어오기 전까지는 확신하기 어렵다는 점을 고려하여 증강현실 앱을 통해 소비자의 거주 공간에 제품을 가상으로 배치하는 서비스를 제공했다. 증강현실 관련 앱 중 두 번째로 많은 다운로드 수를 기록하며 성공을 밝혔다.

김긍환 / IT 서비스기업 혁신사업부 DT컨설팅 그룹장

"제 경험상으로 봤을 때, 디지털 전환이라는 것을 단순히 IT 신기술에 대한 도입이라고 생각하거나 아니면 기업 내 IT 부서만의 혁신 활동이라고 생각하고 추진할 때는 실패할 확률이 매우 높다고 보고 있습니다. 첫 번째, 디지털 전환을 단기적 관점의 이벤트라고 보기보다는 중장기적 관점에서 추진해야만 성공할 수 있다고 보고 있습니다. 두 번째로는 디지털 전환 자체가 특정 부서만의 혁신이나 한두 가지의 기술을 적용하는 혁신이 아니라, 전 직원이 참여하는 혁신이라고 생각하고 추진해야 성공할 수 있다고 생각합니다."

윤정원 / 디지털 전환 컨설팅업체 대표

"전 직원이 참여하는 혁신이어야 될 것 같습니다. 그러니까 '디지털 트랜스포메이션은 시스템 바꾸는 일이니까 IT 부서의 일이다'라고 생각하는 게 가장 큰 오류라고 생각합니다. 디지털 트랜스포메이션은 고객 중심으로 바뀌어야 한다는 게 굉장히 기저에 깔린 생각입니다. 그러면 고객의 접점인 현장·현업 부서와 IT 부서, 디지털 추진 부서는 아주 긴밀하게 협업해야 합니다."

디지털 전환의 형태는 크게 다섯 가지로 전개된다. 비대면, 실시간,

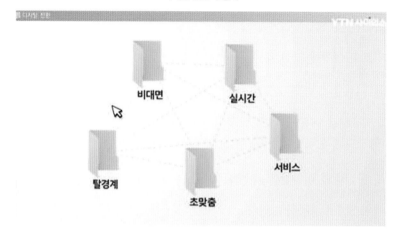

디지털 전환의 형태

탈경계, 초맞춤 그리고 고도의 서비스. 이 다섯 가지가 함께 작용해야 하며 한두 가지가 더 두드러지게 나타나거나 중심이 될 수는 있지만 무엇 하나 배제할 수는 없다. 사람과 통하지 않고도 경제 활동이 가능한 '비대면' 디지털 플랫폼과 4차 산업혁명의 중심인 사물인터넷, 빅데이터 기술들은 '실시간'으로 어느덧 생활 속에 익숙하게 스며들었다. 그렇다면 탈경계화는 무엇일까? 현대의 산업은 그 부분이 무의미해지고 있다. 플랫폼 기업인 K그룹은 과연 IT 회사라고 할 수 있을까? 운송업체, 금융, 게임 등 다양한 산업을 아우르고 있으니 딱 한 가지로 정의할 수 없는 것처럼 디지털 경제의 가장 중요한 특징 중 하나는 '산업 간에 경계가 사라지고 있다'라는 점이다. 자율주행이라는 산업에서는 구글도 자동차 회사로 보는 것처럼 말이다.

'초맞춤화'는 기존의 개인 맞춤화에 빅데이터를 더하여 맞춤을 극대화하는 것이다. 우리가 즐겨 보는 동영상 공유 사이트인 유**는 '개인의 기호와 성향에 맞춰 채널을 찾아주는' 초맞춤화를 보여주는 대표적인 디지털 전환 사례다. 기업들은 이제 단순히 제품만 공급하는 데에서 그치지 않는다. 스마트홈은 더 이상 주택이라는 유형만을 판매하는 것이 아닌 주거와 관련된 '서비스'를 판매하여 차별화를 두고 있다. 사물인터넷 기반의 냉장고를 제조하는 회사는 냉장고뿐 아니라 유통과 금융 서비스까지 제공하고 있다.

월마트가 그랬듯이 우리나라의 오프라인 형태의 대형마트들도 온라인 시장의 타격을 받을 수밖에 없었다. 엎친 데 덮친 격으로 코로나19로 인한 비대면 소비가 확산하면서 기업은 그 어느 때보다 힘든 시기를 맞이했다.

출처: 산업통상자원부

예측할 수 없는 미래 사용설명서

실적 부진을 극복하기 위해 오프라인 중심의 유통업체들은 매장 지체를 물류 거점으로 활용하여 O2O(Online to Offline, 온라인과 오프라인을 연결하는 마케팅)로 배송하는 서비스를 도입하고 있다. S그룹의 매장형 물류센터이자 테스트 베드(Test Bed, 새로운 기술·제품·서비스의 성능 및 효과를 시험할 수 있는 환경 혹은 시스템)인 이곳은 최대 20km 거리에 있는 소비자가 온라인으로 상품을 주문하면, 2시간 내 배송을 완료하는 이른바 '당일 바로 배송 시스템'을 구축했다. 축구장의 약 70%에 이르는 규모에서 하루에 처리할 수 있는 물량만 5천 건, 신선식품 등 취급 상품은 1만 개가 넘는다. 소비자들은 이곳에서 직접 와서 상품을 구매하거나, 온라인 주문 후 집에서 받거나, 온라인 주문 후 매장에서 찾아가는 등 세 가지 방법으로 쇼핑을 즐길 수 있다.

오세광 / 차세대 온라인 물류센터 팀장

"이곳은 온·오프라인이 공존하는 하이브리드 공간으로 'EOS(Electronic Ordering System, 원거리에서 컴퓨터 통신망을 통해 상품을 주문받아 처리하는 시스템)'라고 부릅니다. 고객이 온라인으로 주문한 내역에 맞춰 직원들은 매장을 다니면서 상품을 패킹합니다. 구역별로 패킹한 상품을 자동화 설비 신호에 맞춰 바구니에 담고, 이 바구니는 매장 전체를 순회하면서 각 구역에 맞는 상품을 담아 최종적으로 배송 차량이 싣습니다."

풀필먼트(Fulfillment Service)

 최근 세계 e커머스 업계에서의 가장 큰 화두는 '풀필먼트(물품 보관·포장·배송·재고 등의 관리를 총괄하는 통합 물류 관리 시스템)'이다. 풀필먼트는 원래 물류 업체가 판매자 대신 주문에 맞춰 제품을 선택하고 배송해주는 '고객 주문 이행'이라는 뜻의 용어였으나, 아마존이 물류창고 명칭을 '풀필먼트센터'로 바꾸면서 배송 경쟁력의 화두로 떠오르게 되었다. 판매 상품의 적재부터 포장, 출하, 배송까지 모든 과정을 일괄 처리·관리해 주는 모델로 통용되며 현재 전 세계 많은 유통업체가 풀필먼트 전환에 속도를 내고 있다.

 2014년부터 새벽 배송을 전담하는 온라인 전용 물류센터를 운영해오고 있던 기업은 풀필먼트의 활약으로 오프라인 유통업계의 불황을 극복할 수 있었다. 재고관리, 자동피킹 등 90%의 공정이 자동화로 이루어지는 최첨단 시스템으로, 고객의 주문이 들어오면 중앙관제시스템이 배송 박스의 수를 최적으로 계산해 작업을 배정하고 300개 이상의 고속 셔틀이 배정 순서에 따라 쉴 새 없이 움직인다. 작업자들은 각자의 위치에서 상품을 배송 바구니에 담기만 하면 된다. 배송을 위한 자동화 과정을 좀 더 자세히 따라가 보자. 코로나 확산으로 온라인 장보기가 생활화되면서 특히 신선식품 구매가 크게 늘고 있다. 오프라인 쇼핑을 주로 하던 60대 이상의 소비자가 150% 증가함에 따라 온라인 장보기 시장이 본격적으로 확대될 전망이다.

 고객의 주문이 들어오면 가장 먼저 현장 직원이 해당 상품을 담는다.

디지털 피킹 시스템 활용하는 물류센터

상품들은 '디지털 피킹 시스템'을 활용하는 선별 구역으로 이동하고 주
문 내역에 맞게 분류한다. 디지털 표시기의 램프가 점등되면 선반 안쪽
의 키퍼들이 모니터의 지시에 따라 고객 바구니에 상품을 담고, 바구니
는 이제 컨베이어 벨트를 타고 포장 단계로 운반된다. 컨베이어 벨트는
2.5m 높이의 천장에서 1.4km의 길이로 매장 전체를 둘러싸고 있다.
이러한 시스템은 120명의 고객이 주문한 상품을 한 번에 분류해 배송
할 수 있으며, 기존엔 직원 1명이 1시간에 30건의 상품을 처리할 수 있
었지만 전 처리 디지털 시스템으로의 전환 후 약 50건을 처리할 수 있

게 됐다.

오세광 / 차세대 온라인 물류센터 팀장

"이곳은 상품을 출하하는 공간입니다. 이곳의 주요 설비는 시퀀스 버퍼인데, 이것은 패킹된 바스켓을 배송해야 할 고객 주소지에 맞게 자동으로 배송 순서를 정리해 주는 중요한 설비입니다."

주문에서부터 배송까지 2시간 이내에 이뤄지는 디지털 시스템의 혁신! 우리는 시장을 선도하는 e커머스 기업들의 움직임을 주목해야 한다. 코로나19 팬데믹 상황에서 사람들과 접촉을 최소화하기 위한 노력은 우리의 일상 곳곳에 녹아들어 새로운 언택트 시대를 만들고 있다. 소비는 물론, 업무, 교육, 진료 등 어느 분야 할 것 없이 이전과 다른 연결 방식이 필요해졌고, 이는 디지털 전환으로 더욱 가속화하는 요인으로 작용하고 있다.

핀테크의 등장(Fintech)

금융 분야에서는 '핀테크'라는 용어가 등장할 만큼 대대적인 변화가 일어나고 있다. 핀테크는 '금융에 IT 기술이 접목된' 서비스 또는 그러한 서비스를 제공하는 회사를 뜻한다. 지불과 자산관리 서비스, 보안 소프트웨어 모두 핀테크에 해당한다. 핀테크는 오프라인 은행과 달리

예측할 수 없는 미래 사용설명서

24시간 이용이 가능하고 단일 앱을 통해 여러 은행 계좌에 접근할 수 있으며, 자격 증명을 반복해서 인증할 필요가 없다는 장점이 있다. 이 처럼 핀테크는 우리 삶에서 더 이상 뗄 수 없는 분야가 됐지만, 얼마 전 까지만 해도 금융은 규제로 둘러싸인 경직된 산업 중 하나였다. 금융사 의 역할은 고객들의 예금을 안전하게 잘 보관하고, 자금이 필요한 곳에 대출을 제공하는 것인데 이를 위해 보안이 최우선으로 되었고, 사용자 의 편의성은 후순위로 밀려나 있을 수밖에 없었다. 하지만 최근 몇 년 사이 은행가에도 디지털 전환의 바람이 거세게 불기 시작하면서 새롭 게 등장한 단어가 있다. 바로 테크핀.

'테크핀(Techfin)'이란 용어는 세계적인 플랫폼 기업 알리바바의 창 업자 마윈이 처음으로 사용하며 주목받기 시작했다. 핀테크가 기존 금 융 시스템에 IT 기술을 도입해 서비스를 향상시킨 거라면, 테크핀은 IT 기업이 자사의 독자적인 기술을 바탕으로 차별화된 금융 서비스를 만 들어낸다는 점에서 차이가 있다. 애초 마윈이 기존 금융사의 서비스들 과 차별성을 두기 위해 만든 용어였지만, 이후 IT기업들이 테크핀으로 영역을 활발히 확장해 나가는 신호탄이 되었다. 핀테크를 넘어 국내 테 크핀이 대세가 된 세상. 국내 테크핀 시장을 선도하고 있는 한 플랫폼 사를 찾았다. 2014년 9월 국내 최초로 모바일 간편결제 서비스를 출시 한 K사는 언제 어디서나 스마트폰만 있으면 경제 활동이 가능한 '지갑 없는 사회'를 이끈 주역 중 하나로 꼽힌다. 이 업체가 간편결제 서비스 시스템을 기획하게 된 이유는 단순명료하다. 기존 결제과정이 너무 번거롭다는 사용자들의 평가 때문이었다.

이 진 / 금융플랫폼업체 사업총괄 부사장

"결제뿐 아니라 금융 전반적으로 불편하다고 느껴지는 것이 매우 많았습니다. 다만 모든 것을 한 번에 바꿀 수는 없으니까 모바일에서의 결제의 불편함이 그 당시에 상당한 화두였습니다. 그래서 그것부터 해결하는 것으로 목표를 잡았습니다."

온라인 또는 오프라인에서 단순한 인증과정을 통해 결제할 수 있는 간편결제 시스템. 이 서비스가 등장하기 전까지만 해도 우리는 온라인에서 물건을 구매하려면 공인인증서와 보안카드 등을 이용한 인증 절차를 수차례 거쳐야 했다. 단 여섯 자리의 비밀번호 또는 생체 인증만으로 즉시 결제가 가능한 이 서비스는 혁명과도 같았다. 보안이란 명목으로 진행되는 각종 인증과정에 피로감을 느끼던 소비자들에게는 더할 나위 없이 반가운 시스템이었다.

이 진 / 금융플랫폼업체 사업총괄 부사장

"모바일은 제한적인 화면의 크기가 있기 때문에 하나의 기능을 넣느냐보다 어떠한 기능을 빼느냐, 뺄셈의 싸움이라고 봐도 좋습니다. 지금도 어떻게 기능을 빼고 사용자들이 저희가 제공하는 서비스를 헤매지 않고 잘 사용하게 할 수 있을지에 대해서 저희는 하루하루 집중하고 있습니다. 요즘의 결제는 예전처럼 단순히 결제만 하고 끝나지 않습니다. 결제하고 멤버십 적립하고, 영수증, 리워드 받고, 소비 내역을 정리하고 하는 등 다양한 트랜잭션(Transaction)의 연결이죠. 모두 따로 해야 했던 이 행위를 하나의 트랜잭션으로 연결해서 사용자들에게 제공하고 있습니다."

K사에서는 간편결제 서비스를 시작으로 송금, 투자, 청구서 납부, 대출 비교 등 다양한 금융 관련 서비스들을 연이어 선보이고 있다. 이들의 거침없는 행보가 가능한 데에는 '플랫폼'과 '데이터' 그리고 '기술력'이라는 막강한 무기가 존재한다. 테크핀 기업은 일반 금융사에 비해 훨씬 더 방대한 고객 데이터를 보유하고 있다. 이것은 곧 고객의 요구 파악이 용이하다는 걸 의미한다. 데이터를 통해 파악된 고객의 요구를 서비스로 실현시킬 수 있었던 기반은 탄탄한 플랫폼과 높은 수준의 기술력에 있다. 이를 바탕으로 소비자들의 요구를 정확히 파악하고 맞춤에 가까운 서비스를 제공할 수가 있다.

이 진 / 금융플랫폼업체 사업총괄 부사장

"가장 중요한 것은 사용자 경험입니다. 처음 기획할 때부터 모바일 중심의 비대면 금융으로 세상이 바뀔 것이라는 데에는 확신이 있었습니다. 그 확신을 갖고 모든 서비스에서, 모바일 환경 안에서 사용자들이 가장 편리하게 필요한 금융 서비스를 이용할 수 있는 방법에 대해 저희는 치열하게 고민했습니다. 그래서 금융 서비스이기도 하지만 기존의 사용하고 있는 다른 IT 서비스와 같이 편안한 마음과 편안한 경험을 통해 좋아해 주고 계신 것 같습니다."

이젠 더 이상 금융과 기술을 떼어놓고 이야기할 수 없는 세상이 됐다. 공급자가 아닌 사용자 중심으로 이뤄질 금융 환경의 디지털 혁신은 우리가 이전에 상상하지 못했던 많은 가치를 계속해서 창출해낼 것이다.

이 진 / 금융플랫폼업체 사업총괄 부사장

"해외시장과 비교해보면 시장은 늦었지만, 최근에 한국금융시장도 테크핀 중심으로 많은 부분이 변화하고 있습니다. 특히 의미 있는 건 플랫폼이 등장하면서 공급자 중심의 금융이 아니라 사용자 중심으로 금융의 혁신이 시작됐다는 겁니다. 시장에서의 패러다임은 이미 소비자 중심으로 바뀌었고 금융 분야도 이런 패러다임의 변화가 시작됐습니다."

유병준 / 서울대학교 경영학과 교수

"무엇이 성공할지 모르는 비즈니스입니다. 이 현대 사회가 그렇죠. 아마존이 내놨던 제품과 서비스 중에서 50%가 실패했어요. 무엇이 나올지 모르니까 일단 내놓고 보는 거죠. 대신, 어떤 문제가 발생했을 때 신속히 반응해야 합니다. 예를 들어 의사결정 프로세스가 한 달이 걸리는 기존의 대기업 체계는 성공할 수가 없습니다. 우리 나라의 인터넷 기업들의 의사결정이 일주일도 안 걸립니다. 0.5주 면 최고경영자까지 의사결정이 가능합니다. 그래서 지금 직급 체계 를 기존 기업들이 많이 바꾸는 추세이긴 한데 그냥 바꿔선 안 됩니 다. 진짜로 확 바꾸지 않으면, 최소한 일주일 안으로 의사결정이 들 어오지 않으면, 플랫폼 비즈니스 못한다는 것입니다. 정부가 안 되 고 대기업 플랫폼 비즈니스가 실패하는 이유입니다. 그들도 의사결 정이 최소한 일주일 안으로 들어올 수 있도록 해주고 그것을 지원 하는 IT 기술들을 이용해야 합니다."

스마트 팩토리(Smart Factory)

여러 예측 불가능한 상황은 모두의 삶을 크게 바꾸고 있다. 이런 시 기에 조직과 사회가 어떤 방식으로 변화를 수용하느냐에 따라 결과는 큰 차이로 벌어질 것이다. 이를 경기도 안성에 위치한 한 음료 제조공 장에서 그 변화를 확인해 보았다. 2020년 70주년을 맞이한 국내 대표 음료 회사의 메인 생산공장이다.

이곳은 2018년을 기점으로 변화의 여정에 올랐다. 고도화된 IT 기 술과 디지털 전환이라는 시대적 흐름에 발맞춰 6개의 국내 공장 중 가 장 큰 규모인 이곳에 스마트 팩토리를 구축했다. 가장 먼저 설계한 시 스템은 지금까지 수기로 관리해 오던 생산 지표들을 디지털화하는 작업이었다. 주축을 이루는 시스템 중 하나는 바로 MES(Manufacturing Execution System, 제조실행시스템)로 제조 전 관정을 기록·관리하는 것이다.

이동하 / 음료 제조업체 생산공장 MES 담당 매니저

"MES는 제조실행 시스템으로 저희가 생산 일련의 과정들을 시스템화해 운영할 수 있게끔 만들어놓은 체계라고 보시면 되겠습니다. 현장에 있는 생산설비나 생산설비에 달린 계측 설비로부터 디지털 데이터를 받아서 정확하고 신속한 데이터를 기반으로 생산관리, 품질관리가 이뤄지고 있어서 예전보다 좀 더 정확하고 신속하게 업무 처리를 할 수 있는 방식이라고 보시면 되겠습니다."

스마트 팩토리는 수요·생산·재고·유통 등 전 생산과정을 정보통신기술로 통합해 공장의 생산성과 품질을 향상시키는 지능화된 공장을 말한다. 사람의 팔과 다리가 하는 일을 로봇이 대체하는 자동화 공장이라는 개념에서 한발 더 나아가 사물인터넷, 인공지능, 빅데이터 등 다양한 ICT 기술로 현장의 데이터들을 결합해 전체 공정을 유기적으로 최적화한다. 공장 설비마다 설치된 통신 모드를 통해 실시간으로 수집되는 데이터는 통합컨트롤센터(ICC, 생산 현장의 모든 데이터를 모니터링)로 보내진다. 원재료부터 최종 제품생산까지 전체 공정 과정을 한눈에 파악할 수 있다.

스마트 팩토리의 통합컨트롤센터

이동하 / 음료 제조업체 생산공장 MES 담당 매니저

"위 사진처럼 생산 현장에서 봤던 탄산 캔라인 주입기 화면을 보고 있습니다. 이 주입기의 화면은 실제 탄산 캔 라인에 시럽이 주입, 병입이 되고 그 병입된 부분들이 컨베이어로 나가는 모습을 볼 수 있습니다. 현재 설비된 분당 850개의 속도로 나오는 부분과 현재 탱크의 압력, 온도 그리고 불량 수량, 현재 총 생산 수량을 표시해 주고 있습니다."

데이터는 쌓이면 쌓일수록 더 정확한 분석과 예측을 가능하게 한다. 뿐만 아니라, 불량이 발생하더라도 그동안 저장된 데이터를 바탕으로 재발을 방지할 수도 있다. 수기로 이루어지던 업무들이 모두 디지털화되면서 공장은 데이터라는 훌륭한 양식을 지속적으로 공급받을 수 있게 됐다. 그렇다면, 아날로그 방식에 익숙하던 직원들은 이런 변화를 어떻게 받아들이고 있을까?

신은범 / 음료 제조업체 생산공장 생산담당 주임

"예전에는 일지를 다 수기로 작성했었는데 지금은 자동화가 돼서 많이 편리해진 점이 있습니다. 전산화가 다 돼서 모니터로만 봐도 한눈에 상황을 파악할 수 있습니다. 입고된 불량품이 있다고 하면 예전엔 수기를 다 찾아야 했는데, 지금은 전산화가 돼 있어서 바로 한 번에 찾을 수 있게 되어 편리함이 있습니다."

이경성 / 음료 제조업체 전략기획부문 DT추진팀 팀장

"이런 시스템들이 들어오게 되면 현장에 근무하시는 분들은 사람이 하는 역할이 좀 줄어드는 거 아니냐 하는 걱정을 하시는 게 사실입니다. 하지만 이런 디지털화가 되면서 일하는 방식이 바뀌는 것 같습니다. 기존에는 어떤 단순 반복적인 업무들이 주를 이뤘다면 앞으로는 뭔가 생산성을 향상한다거나 창의적인 일 등 고부가가치를 창출하는 일에 더 집중할 수 있게 될 것 같습니다."

이 업체가 최종적으로 꿈꾸는 스마트 팩토리의 그림은 아직 완성되지 않았다. 물류 자동화 시스템을 구축하고 국내 다른 공장으로 점차 적용해나갈 계획이다. 기술과 노동력에 의존했던 제조업이 디지털 전

예측할 수 없는 미래 사용설명서

환의 바람을 맞으며 새로운 시대로 접어들고 있다.

이경성 / 음료 제조업체 전략기획부문 DT추진팀 팀장

"지금 현재 제조업에서는 대기업 중심으로 디지털 전환이 이뤄지고 있습니다. 디지털 전환을 하기 위해 투자자원이 상당히 많이 소비되는 것이 사실입니다. 앞으로 기술 발전으로 그런 비용들이 감소하게 되면 중소제조업에도 확대될 텐데요. 그렇게 되면 전후방, 가치 사슬 간 유기적으로 연결될 수 있는 데이터 전환이 서로 이뤄지면서 시너지를 낼 수 있는 구조로 변화할 거라고 생각됩니다. 지금은 특정 업종이나 산업에 국한돼 있던 게 앞으로 2종의 산업과 같이 연결돼서 상호보완적인 디지털 전환이 이뤄질 것으로 예상됩니다."

디지털 전환은 단순히 신기술을 도입하는 것이 아니라 사람들의 삶에 긍정적인 변화를 끌어내거나, 변화된 환경에 더 효과적으로 적응할 수 있도록 체질과 접근법을 바꾸는 것이다. 하지만 이러한 변화의 물결을 안타깝게도 주로 인력과 자본이 풍부한 대기업을 중심으로 퍼져나가는 실정이다. 지난 2020년 12월 산업연구원이 발표한 자료에 따르면 최근 아시아 태평양 중소기업의 디지털 성숙도를 조사한 결과, 한국은 14개국 중 6위로 중위권에 머물러 있는 수준이었다. 디지털화에 앞서 당면한 과제로는 우리나라가 다른 국가에 비해 '변화에 대란 문화적 저항'과 '인재 부족' 문제가 높은 것으로 나타났다.

출처: 산업연구원「산업경제이슈」2020.12 / 응답자 수: 1,424명

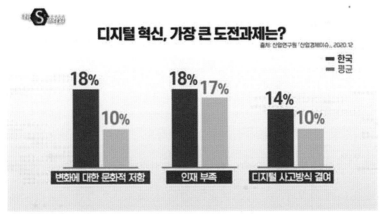

출처: 산업연구원「산업경제이슈」2020.12

유병준 / 서울대학교 경영학과 교수

"중소기업들이 디지털 트랜스포메이션을 실패한다고 합니다. 그것

은 제가 디지털 전환 관련 변화를 20년 가까이 연구해왔는데, 전환

이라는 것은 조직의 특성과 성격을 바꾼다는 것으로 대단히 어려

예측할 수 없는 미래 사용설명서

운 작업입니다. 사는 방식을 갑자기 바꿔야 하지 않습니까? 그런데 디지털 전환을 위한 필수요건은 디지털 인재 자본입니다. 소위 말하면 기반이 되는 맨파워가 커야 하고 인력의 능력이 뛰어나야 하고, 이러한 기술을 바꿀 수 있는 자원과 자금도 있어야 하는데 중소기업들에는 그러한 자원이 부족하다 보니까 실패를 할 수밖에 없는 거죠."

디지털 전환에 발맞춰 시스템에 변화를 꾀하고 있는 다른 중소기업을 찾았다. 진입장벽이 높기로 자자한 렌즈 시장에서 20년간 콘택트렌즈를 제작하며 독자적인 영역을 구축하고 있는 회사다. 이 업체는 지난 2020년 중소기업벤처부의 제조혁신 지원사업에 선정되어 생산비 개선에 나섰다. 인공지능 기술을 적용하여 공정 과정의 효율과 품질 향상에 집중하고 있다. 그 결과, 렌즈를 사출성형하는 데 사용되는 금형을 단시간에 선택해 생산지시를 전달할 수 있게 됐다.

곽희세 / 콘택트렌즈 생산업체 설비기술팀 팀장
"ES라는 서버 내에 있는 인공지능(AI) 모듈을 통해 저희가 필요한 정보를 입력하고 거기에서 분석을 통해 나오는 데이터를 받아서 생산지시를 적용하려고 하는 작업입니다."

렌즈 생산에서 중요한 것은 목표도수 적중률을 높이는 것이다. 인공지능 기술을 도입하기 전에는 지난 생산실적 데이터를 일일이 분석해 최적으로 판단되는 금형으로 선택한 뒤에야 비로소 생산을 시작할 수 있었다. 시간이 많이 소요될뿐더러, 생산 결과도 균일하지 못해 당시 최대 목표도수 적중률은 76%를 유지했다고 한다. 그러나 인공지능 솔루션을 공정 과정에 도입한 지금은 적중 비율이 95%까지 상승했다. 디지털 전화에 이제 막 몇 걸음 내디딘 단계지만, 혁신의 도전은 더 진화된 제조공장으로 나아갈 수 있을 거란 기대와 자신감으로 이어졌다.

조영안 / 콘택트렌즈 생산업체 생산본부 본부장

"우리가 생산 활동에 있어서 어떤 설비라든지 운전 조건 등 데이터를 계속 만들어내고 있는데, 지금까지 그런 데이터들의 중요성을 알고 있으면서도 활용을 못 했습니다. 그래서 이번 사업을 하면서 데이터를 다 수집하고 인공지능(AI)을 통해 분석해서 최적화되는 조건을 찾아보자. 그래서 생산과 운영에 적용해보자. 그런 목적으로 진행했습니다. 결국은 제조회사의 공장은 스마트화돼 가는 게 최종 목표입니다. 그렇다고 사람이 없어지는 게 아닙니다. 사람이 지금까지 물리적으로 해왔던 것들을 기계에 의해서 전산을 통해 자동으로 할 수 있게끔 하는 겁니다. 실제로 최종 목적을 본다면 제조 현장에 모든 공장 설비들은 스스로 가동하고 스스로 조건에 문제가 생기면 스스로 판단해서 재조치하는 정도까지 가야 최종 목표가 되지 않을까 생각합니다."

김긍환 / IT 서비스기업 혁신사업부 DT컨설팅 그룹장

"하나의 어떤 방향성을 제시해줄 뿐이지 그게 하나의 어떤 목적이 되진 않는 것 같습니다. 그래서 기업들이 스스로 우리 회사에 만약 디지털 트랜스포메이션이란 무엇인지에 대해 정확한 목표를 수립 해야 합니다. 그런 목표를 달성할 수 있는 방안을 고민해야 하는데 사실 기업 스스로 하기는 어려운 점이 많습니다. 왜냐하면, 어떤 베 스트 프로세스 사례가 있는지 그리고 우리 기업에선 과연 어떤 기 술 도입이 가능한 것인지 등 아무 기술이나 도입한다고 성공할 수 있는 건 아니기 때문입니다. 현재 수준을 알고 그다음 단계로 갈 수 있는 적절한 기술이나 솔루션이 제공돼야 하기 때문에 그런 차원에 서 보면 기업마다 바라보는 디지털 트랜스포메이션이 전혀 다를 수 가 있다고 생각합니다."

변화는 성공을 장담할 수 있는 시도다. 그러나 거대한 구조 변화의 흐름 속에서 발맞춰 나아가지 않으면 조직은 빠르게 도태될 수 있다. 한편, 이러한 현실은 역설적으로 중소기업이 실행하기 쉬운 모델을 만 들고 혁신 역량을 키우기 위한 내실 있는 지원이 우선으로 뒷받침되어 야 함을 의미하기도 한다.

조영안 / 콘택트렌즈 생산업체 생산본부 본부장

"대체로 디지털화하는 과정에서 소프트웨어에 해당하는 쪽에 많이

지원하러 가고 있는데, 제조회사에서는 실질적으로 소프트웨어뿐만 아니고 하드웨어적인 것도 많은 보강이 필요합니다. 그리고 지원 금액이라든지 실제 현장에서 적용하는 데 필요한 만큼의 액수가 되지 않는 부분들이 조금 더 보완됐으면 하는 바람입니다."

'태풍이 강한 나무를 구분해 준다.'라는 말이 있다.

뿌리가 약한 나무는 거친 바람을 견디지 못하고 뽑혀버리고 만다. 기업의 흥망성쇠에서 디지털 전환은 선택이 아닌 생존의 문제가 되었다. 우리는 앞으로 디지털이 더 많이 적용된 환경에서 살게 될 것이고 체질 개선을 빠르게 한 조직과 개인이 더 많은 혜택을 누리는 것을 보게 될 것이다. 규모에 상관없이 디지털을 잘 이해하고 활용하는 이들이 신흥 강자로 대체될 새로운 미래. 변화는 시대에 성공하기 위한 전제 조건은 디지털 전환에 대해 깨어 있는 시각을 지니는 것일지도 모른다.

예측할 수 없는 미래 사용설명서

기업의 생존전략 키워드

지금 우리가 사는 시대를 한 단어로 표현한다면 어떤 용어가 어울릴까? 변화, 혁신, 융합, 전환, 4차 산업혁명, 5G, 인공지능, 사물인터넷, 초연결. 글자 형태는 각기 다르지만 분명 이 시대를 반영하는 단어들이다. 그리고 이들의 의미를 모두 합하면 우리가 속해 있는 현재와 앞으로 나아갈 미래의 방향을 해석할 수 있다. 그것은 바로 디지털 트랜스포메이션. 디지털로 전환되고 있는 커다란 움직임이다.

이종석 / 성균관대학교 시스템경영공학과 교수

"우리 조직에 정말 사람에 의한 비효율이 존재하느냐 존재하지 않느냐. 그 질문에 비효율이 존재한다면 도입이 필요하겠죠."

박현제 / 소프트웨어정책연구소 소장

"단계별로 여러 가지 실패의 위험이 있습니다. 각 단계의 위험을 최소화하고 적절한 단계별 전략을 구사해야 하는데…."

변화의 중심에서 누구보다 빠르게 디지털이라는 새 옷으로 갈아입는 건 각 산업을 움직이는 기업들이다. 기업이 도약하기 위해 선택해야 하는 디지털 전환. 과연 그들은 생존을 위해 무엇을 어떻게 바꿔나가야 할까? 디지털 전환의 시대, 기업의 생존전략을 확인해 보도록 하자.

디지털과 아날로그의 융합, 디지로그(Digilog)

디지털 전환의 바람이 거세게 불고 있는 금융가. 경제의 움직임을 확인할 수 있는 금융권에선 IT 기술이 적용된 핀테크가 일찌감치 자리를 잡고 있다. 지금 이들이 시도하고 있는 디지털 전환이란 과연 어떤 형태를 띠고 있을까? 인터넷뱅킹과 모바일뱅킹의 대중화가 이뤄졌다 하더라도 오프라인 창구는 필요하다. 개인이든 기업이든 복잡한 금융 업무를 처리하는 데 있어 전문가의 도움이 필요한 이들이 분명 존재하기 때문이다.

금융 업무는 고객과 은행 직원이 마주해야 가능한 일이다. S 은행에서는 이와 같은 구조를 유지하면서도 디지털 플랫폼을 적용할 수 있는 특별한 방법을 마련했다고 한다. 디지털과 아날로그의 융합, 바로 영상 상담 시스템이다. 작은 방에 들어서면 커다란 모니터가 자리하고 있다. 방문 고객은 이 앞에 앉아 영상으로 상담을 받을 수 있다. 각종 디지털

S 은행의 비대면 디지털 창구

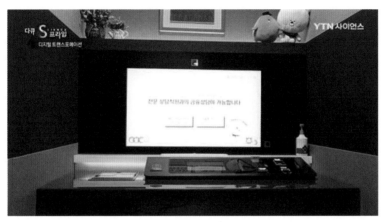

기기들이 구축돼있는 영상상담 창구는 오프라인 창구에서 오가는 처리 과정들이 다양한 장비들을 통해 이뤄진다. 디지털로 움직이는 화상 시스템이 이러한 비대면 창구 업무를 가능하게 만든 것이다.

김기상 / S 은행 디지털전략부 수석

"일반 영업 업무도 수행하지만 일하는 방식이라든지 고객 응대하는 방법, 업무 방법을 디지털 중심으로 하고 있다는 것이 가장 큽니다. 디지털 데스크, 디지털 창구 등과 같이 다양한 인프라나 고객 경험의 디지털 부분에 대해 최신 첨단 기술을 활용했습니다. 지금까지 아날로그 방식으로만 진행되던 업무를 디지털식으로 개선·전환하고 그 개선에 참여하는 역할을 하는데, 그런 역할이 직원들의 마음가짐 등에서 다른 지점과 차이점이라고 할 수 있습니다."

은행 직원과 직접 마주하지 않고도 과연 자연스러운 업무처리가 가능할까? 생각보다 영상 속 담당 직원과 소통하는 것은 어렵지 않다. 계속 이야기를 나누며 업무를 진행하다 보니 영상 속 직원이 오프라인 창구에서처럼 직접 마주하는 것과 같은 느낌이 든다. 화상으로 상담을 이어가는 직원은 은행 본사에서 근무하는 담당자다. 실제 위치한 곳은 서로 다르지만 영상으로 대화하며 태블릿 등으로 서명하는 데에 큰 어려움은 없어 보인다. 이와 같은 방식으로 예·적금 가입과 대출 상담, 기업 금융 업무 등을 볼 수 있다. 대면 창구와 비대면 창구의 장점을 융합한 영상상담 시스템인 디지털 데스크는 금융 취약계층 또한 쉽게 이용 가능하다는 점에서 주목받고 있다.

김기상 / S 은행 디지털전략부 수석

"화상 상담창구의 가장 중요한 요소는 고객과 소통하는 인프라, 디지털 기술, 디바이스 부분들도 있지만 가장 중요한 요소는 어떻게 하면 고객에게 화상을 통해 정확하고 편리하고, 필요한 정보를 전달하는지였습니다. 그래서 기존 직원 중에서 가장 우수한 직원들을 선발해 화상상담 전담팀을 구성했습니다. 해당 전담팀 직원들은 실제 개발부터 직접 참여해서 업무에 불편함이 없도록 교육에도 많은 힘을 기울였습니다."

디지털 기기와 통신 장비는 '움직이는 은행' 또한 만들어내고 있다.

은행 업무를 필요로 하는 이에게 직원이 해당 장소로 직접 찾아간다는 건 상상하기 힘든 일이다. 물론 내 손안의 은행이라고 해서 시간과 장소의 제약 없이도 인터넷뱅킹을 이용할 수 있지만, 온라인뱅킹으로 인해 은행 지점의 수가 대폭 줄어들면서 막상 은행에 직접 방문할 일이 생겼을 때 이용자들에겐 거리와 시간이 제약되고 있는 것 또한 현실이다. 전담 직원이 고객에게 찾아가 금융 업무를 진행하는 이러한 서비스가 생겨난 이유이기도 하다. 관련 서류나 필요한 절차는 태블릿을 통해 모두 디지털로 이뤄진다. 이렇게 은행이 대면과 비대면 플랫폼을 융합시키고자 한데에는 디지털 전환 시대에 발맞춰 금융 취약계층의 불편함을 해소하고 ICT라는 도구를 금융 서비스에 보다 적극적으로 활용하기 위해서다.

송하원 / S 은행 디지털전략부 선임

"고객이 언제 어디서든지 자유롭게 전문적인 금융 서비스를 받을 수 있다는 점이 큰 장점이라고 볼 수 있습니다. 기업 계좌를 신규로 만들려면 여러 가지 종이 서류들이 필요하고 영업점의 오프라인 채널에서만 가능했었던 점이 있었는데, 그런 부분들을 저희가 기업에 직접 방문해서 고객이 요구하는 서비스를 적극적으로 지원해 줄 수 있게 될 것 같습니다."

AI와 맞춤형 기술

서울 성수동에 위치한 화장품 매장을 찾았다. 디지털 전환의 바람이 불고 있는 뷰티 업계에서도 기존과 차별화된 변화를 시도하고 있다고 한다. 수많은 종류의 화장품 중에서도 시선을 사로잡는 건 바로 색상 제품들이다. 계절마다 유행하는 색상이 다르고, 개인마다 선호하는 색이 각기 다르기 때문에 색상 제품들의 종류와 그 수는 천차만별이라고 할 수 있다. 이 수많은 색 중에서 나에게 딱 맞는 색상은 과연 무엇일까? 이런 소비자의 고민에 접근하기 위해 기업은 디지털 기술을 접목했다. 내 얼굴의 색과 선호도를 반영한 맞춤형 색상을 첨단 기술을 통해 만들어내는 것이다.

고명진 / A 화장품 업체 연구원

"사람마다 화장품을 사용하는 방법이 다 다르기 때문에 고객에게 맞는 제품들을 맞춤형 화장품이라는 키워드로 서비스를 제공하고 있습니다. 가장 최근에 화장품과 연관된 디지털 기술, 인공지능 등의 기술 트렌드가 계속 진화됨에 따라서 화장품 업계도 그런 기술들을 계속 접목하고 있습니다."

사용자의 피부톤에 적합한 립 메이크업 색상을 제조하는 장치는 과연 어떻게 나만의 색을 찾아내는지 궁금하다. 그 과정을 한번 따라가 보자.

첫 번째 단계는 선호하는 색상과 사용자의 얼굴색에 관한 데이터를 입력하는 단계이다. 이때 사용자는 직접 색상들을 고르고 각각 어떤 느낌이 드는지 색을 비교할 수 있다. 하늘 아래 똑같은 레드는 없다는 말처럼, 빨간색의 립 색상만 해도 그 조합된 종류에 따라 꽤 다양하지만 이 중에서도 나에게 최적화된 색을 찾아낼 수 있다. 사용자의 데이터가 입력되면 인공지능의 분석에 따라 피부톤에 맞는 레드 컬러가 도출되기 때문이다. 여기서 인공지능은 그동안 축적된 수많은 사람의 데이터들을 분석해 통계적인 값을 제공한다.

축적된 데이터를 통해 최적화된 색을 조합하는 장치

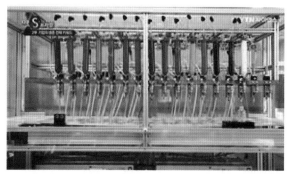

여기서 끝이 아니다. 색상을 결정하면 색 조합에 필요한 정보가 특수 장치로 전달돼 실제 재료와 색들이 즉석에서 배합된다. 색의 함량과 비율을 정밀하게 조절하며 립 컬러를 만들어내는 장치. 레드 계열만 해도 약 4백 가지의 종류를 만들어 낼 수 있다고 한다. 이러한 AI와 자동화 기기의 융합을 통해 기업은 온·오프라인을 연계한 고객 맞춤형 기술을 구현할 수 있었다. 화장품 시장에서 개인의 취향과 맞춤성이란 매우 중요한 조건이자 숙제이다. 앞으로 디지털 전환 체계를 구축하는 데 있어 인공지능을 활용한 온·오프라인 연계 기술은 시장 확보의 핵심적인 역할을 할 것으로 기대하고 있다.

고명진 / A 화장품 업체 연구원

"뷰티 시장에서 디지털이란 e커머스 관점에서 기술들이 개발됐었습니다. 고객들이 온라인상에서 제품을 구매하기가 더 쉽고, 여러 가지 채널을 통해서 제품을 판매하는 관점이 됐다고 하지만, AI라든지 스마트 팩토리라든지 맞춤형에 대한 고객 요구가 늘어나고, 홈 디바이스에 대해서도 고객들이 관심을 갖게 되면서 이러한 기술들이 계속 만들어지는 것 같습니다. 고객 데이터의 지속적인 수집을 통해 정확하고 고객이 원하는 제품들을 연구·개발하는 데 활용하는 것이 목적이기도 합니다."

디지털로 이뤄진 시대

우리는 이미 디지털로 움직이는 세계 속에 살고 있다. 과거 아날로그에서 디지털로 바꾸는 방식은 디지털 전환이 아니라 '디지털로의 이동'이라고 표현할 수 있다. 그렇다면 디지털 전환을 한마디로 표현한다면 어떻게 해석할 수 있을까? 바로 '데이터의 활용'이다. 데이터를 분석하고 활용해서 산업 생태계를 바꾸는 것이다. 이를 위해선 데이터를 실시간 수집하고 분석하며 원하는 결과를 반영할 수 있는 디지털 플랫폼이 필요하다. 하지만 지금 당장 한꺼번에 기업의 생태계를 바꾸기란 불가능한 일이다. 디지털 전환은 각 산업 분야의 특성에 따라 단계별로 조금씩, 하지만 분명하게 이뤄질 필요가 있다.

박현제 / 소프트웨어정책연구소 소장

"우선 디지털 역량을 함양하는 게 필요할 것 같습니다. 제품 프로세스의 혁신으로부터 시작해서 설계, 기획 혹은 생산, 유통, 마케팅 전 과정의 혁신이 필요합니다. 그 혁신을 통해서 데이터를 수집·가공하고 분석해서 도출된 정보를 이용해 의사결정 체계를 바꾸고 새로운 서비스 혁신, 나아가 플랫폼 등을 이용한 가치 사슬의 변화까지 이룰 수 있으려면 아마 디지털 전문성, 디지털 역량이 필요할 것 같습니다."

기업의 운영 생태계를 디지털로 전환한다는 건 어쩌면 막연한 일일지도 모른다. 초기 비용과 실패에 대한 두려움에 기업은 이러한 변화를 주저할지도 모른다. 하지만 우리가 알아야 할 점은 디지털 전환은 선택이 아닌 생존을 위해 필요한 필수 과정이라는 사실이다. 말이 끄는 마차에서 모터로 움직이는 자동차를 선택할 수밖에 없었던 것처럼, 가스등에서 전기를 선택했던 것처럼, 피처폰이 스마트폰이 되고 컴퓨터 기술과 네트워크의 발전이 인공지능과 사물인터넷을 만들어낸 것처럼, 디지털 전환은 퇴보할 수 없고 앞으로 나아갈 수밖에 없는 시대적 흐름이다. 속도의 차이가 있을 뿐 기업은 디지털 전환 체계를 구축하게 될 것이다. 어떻게 어디서부터 변화를 시도해야 할까? 또 디지털 전환을 위해 기업은 무엇을 준비해야 할까?

박현제 / 소프트웨어정책연구소 소장

"디지털 전환 역량을 단계별로 보면 1단계는 결국 '인재'라고 볼 수 있습니다. 디지털 기술을 잘 이해하는 인재들을 고용할 수도 있고 필요에 따라서는 관련 전문기업과 협업을 하는 방법도 있습니다. 2단계는 결국 '조직 역량'인데 조직 역량을 키우기 위해서는 조직 내에서 새로 비전을 공유해야 하고, 필요하다면 직원들의 재교육이나 재훈련을 통해서 역량을 끌어올려야 합니다."

스마트 팩토리 배움터

전라북도 전주시 공단 한가운데 위치한 곳에서 특별한 수업이 이뤄지고 있다고 한다. 학생과 선생님 모두 합쳐 다섯 명인 작은 규모의 클래스. 나이와 직업이 서로 다른 이들이 함께 집중하고 있는 수업 내용은 바로 '스마트 공장 시스템'에 관련된 것이다. 이들은 지금 '스마트 공장 배움터'에서 미래를 준비하고 있다.

스마트 공장 배움터 학생

"공급기업들이 스마트 공장 수요 기업들의 요구사항을 잘 분석해서 시스템을 만들어 줘야 하는데 분석 개념을 잡기가 매우 어렵습니다. 그런 부분을 배우는 거니까 어떤 부분들은 아는 것도 있고, 잘못 알고 있는 것도 있고, 새로운 정보도 배우니까 재밌는 것 같아요."

스마트 공장 배움터, 이곳은 이론과 실전을 동시에 접하며 지식을 쌓을 수 있는 곳이다. 제조 산업과 ICT가 결합된 스마트 공장의 구축과 운영에 필요한 모든 정보를 얻을 수 있는 곳. 각 분야의 관련 전문가가 리드하는 강의 내용은 스마트 제조 기술의 도입부터 운영, 현장관리 기술까지 세부적으로 구성돼 있으며, 배움터에 참여한 이들은 스마트 공장 구축에 관해 체계적이고 실질적인 정보를 배울 수 있다.

표 현 / 중소벤처기업진흥공단 호남연수원 과장

"스마트 공장(Smart Factory, 네트워크 환경에서 공정 데이터가 실시간 모니터링되어 인공지능을 통해 최적화된 제어·운영이 가능한 공장)에 대해서 참조할 수 있는 모델이 많지 않습니다. 어떻게 구현이 되어있는지, 어떤 시설이 제공되어 있는지, 어떻게 하는 것들에 관해 사실 보여줄 수 있는 실례들이 별로 없습니다. 그런 실례들을 볼 수 있는 곳이 바로 '스마트 공장 배움터'라고 생각하시면 됩니다."

제조 산업 분야의 설비와 공정 시설이 지능을 갖고 네트워크와 연결돼 있으며 모든 과정의 데이터가 실시간 모니터링되어 최적화된 생산 운영이 가능한 공장. 스마트 공장에선 제품 전 생산과정을 지능화 체계로 구축하기 때문에 가상 물리 시스템을 통한 자동 제어가 이뤄진다. 단순한 자동화를 넘어 데이터와 인공지능을 활용한 지능화의 개입 여부가 일반 제조공장과 스마트 공장의 차이점이라고 할 수 있다. 그리고 이러한 개념을 이해하는 것이 스마트 공장으로 전환하는 첫 번째 단계라고 할 수 있다.

표 현 / 중소벤처기업진흥공단 호남연수원 과장

"기존 제조공장에서는 사실 자동화가 되어 있기 때문에 그게 스마트 공장인 줄 아는 분들이 계십니다. 스마트 공장은 공장 스스로 판단하고 스스로 생각해서 공정을 제어하는 것이기 때문에 그러기 위

　　　　　　　　　　　　　　예측할 수 없는 미래 사용설명서

해서는 데이터를 수집해야 합니다. 그리고 수집된 데이터들을 분석할 수 있고, 분석된 데이터들을 인공지능 등을 활용해서 공장 스스로 판단하고 제어할 수 있도록 하는 것들이 필요합니다. 그런 기술들이 적용된 곳이 스마트 공장이라고 보시면 될 것 같습니다."

스마트 공장 배움터에서 구축된 시설 또한 디지털 공정을 이해하는 데 도움이 되는 수업 현장이다. 아래 설비들은 전기차 부품에 해당하는 '디지털 계기판'의 제조 라인이다. 기계장치와 같은 물리 시스템을 네트워크로 연결해 제어하는 사이버 물리 시스템인 CPS를 눈으로 확인할 수 있다.

스마트 공장의 디지털 계기판 제조 라인과 사이버 물리 시스템 CPS

이를 위해 각종 센서가 서로 연결돼 소통하는 사물인터넷과 실제 공정을 실시간 모니터링할 수 있는 디지털 트윈 기술 그리고 5G 네트워크 등이 적용됐다. 어떠한 물건 하나를 만들기 위해 부품을 조합하고, 품질을 최적화하며 불량 원인을 분석해 솔루션을 찾아내는 공정. 수업 참가자들은 실제 움직이는 제조공정을 관찰하며 스마트 공장의 개념과 관련 인프라를 체감할 수 있다. 이러한 시스템을 이론적으로 배우고 난 뒤 현장을 보는 느낌은 앞으로 스마트 공장 시스템을 공급해야 할 대표의 입장에서, 또 전문 인력이 될 이들의 입장에선 조금은 남다를 것도 같다.

김영진 / 스마트 공장 공급기업 직원

"프로젝트를 좀 더 업그레이드하기 위해서 어떤 기능들이 있을지 알고 싶어서 왔습니다. 교육을 들어보니까 실제로 이런 기능들을 더 추가하면 더 원활한 프로젝트가 되겠다는 생각을 했습니다."

김상길 / 스마트 공장 공급기업 대표

"저 같은 경우에 실제로 도움이 많이 됐던 것이 강사님도 실제 컨설팅을 하시고 스마트 공장 현장을 간접 체험할 수 있어서 너무 좋았습니다. '실제로 내가 생각했던 스마트 공장이 아니었구나', '현실에선 좀 더 다른 쪽으로 우리가 주목해야 하는구나'라는 것을 느껴서 앞으로 우리 회사가 어떤 방향으로 가야 할지 방향성을 알았다고

예측할 수 없는 미래 사용설명서

해야 할까요? 그런 부분에서 좋았습니다."

2박 3일간의 프로그램을 함께하며 동고동락한 이들은 같은 목적을 가지고 경험을 쌓으니 쉬는 시간에도 수업에 관한 이야기꽃을 피울 정도로 가까워졌다. 강사님에게 끊임없이 질문하는 두 사람이 있다. 바로 스마트 공장 시스템 공급기업 대표님들. IT기업, 솔루션 기업을 운영하는 경험 많은 대표들도 스마트 공장에 관해 배울 것이 많다고 한다. 분야마다 서로 다른 제조 현장과 운영상황을 이해해야만 시스템 공급기업으로써 최적화된 인프라를 구축할 수 있기 때문이다.

신상민 / 스마트 공장 공급기업 대표

"제가 스마트 공장 공급기업을 하다 보니까 저희가 현업에 대해 모르는 부분들 특히 품질관리 같은 부분들을 잘 모릅니다. 공정 부분이 어떻게 적용되고 우리가 실제 어떻게 구현해야 할지 이런 부분들을 알고 싶었는데, 저희가 스마트 공장을 구축해 드렸을 때 업체분들이 잘 활용할 수 있게끔 어떤 요소를 잘해야 할지, 또 어떤 부분을 그분들이 잘 반영하셔야 할지 등 그런 부분을 좀 더 알기 쉽게 배워서 좋은 것 같습니다."

김상길 / 스마트 공장 공급기업 대표

"저는 스마트 공장 기업으로서 시작하려는 단계인데, 우리 회사에

서 하는 영역도 어느 정도는 스마트 공장에 도입할 수 있는 영역이
거든요. 그런데 소프트웨어만 전문적으로 하는 회사와 저희가 같이
협업했을 때 시너지가 날 수 있을 거라는 생각을 공유하게 됐습니
다. 어제도 늦게까지 이야기하고 쉬는 시간마다 강사님과 이야기하
면서 우리가 이렇게 사업을 해보면 훨씬 더 좋을 것 같다는 결과를
얻었죠."

스마트 공장 배움터에서 만난 이들은 공급기업의 대표와 실무자들이
다. 여기서 공급기업이란 스마트 공장의 운영 기반을 책임지는 시스템
및 소프트웨어 전문 업체를 의미한다. 반대로 도입 기업은 스마트 공장
을 구축하려는 업체를 말한다.

제조 생산과정의 지능화가 이뤄지기 위해선 공급기업의 역할이 매우

출처: 중소벤처기업진흥공단

중요하다. 만약 공급기업이 스마트 공장과 적용 산업에 대한 이해가 제대로 갖춰지지 않는다면, 도입기업은 최적화된 체계를 구축할 수 없고 그만큼 생산 효율이 기대만큼 오르지 않을 수도 있다. 때문에 스마트 공장의 핵심 인프라 공급기업과 이를 도입하려는 기업은, 첨단 IT 기술과 스마트 공장의 운영기술 그리고 산업의 현주소를 함께 배우며 상생해야 할 필요가 있는 것이다.

이와 같은 환경이 만들어졌을 때 그 위로 차곡차곡 스마트 공장의 단계를 구성할 수 있다. 기초단계가 바코드 RFID(Radio Frequency IDentification, 무인 인식시스템)를 활용한 실시간 데이터 수집 및 관리라면, 2단계는 스마트 센서를 활용한 설비 데이터 자동 수집 및 불량 원인 분석, 3단계는 유·무선 네트워크를 활용한 실시간 자동 제어다. 4단계에서 비로소 지능화된 설비를 바탕으로 한 시스템의 자율적 판단과 생산이 이뤄진다. 스마트 공장은 기업의 수준에 맞춰 단계적으로 부분별로 고도화가 진행된다. 물리적인 모든 시설의 데이터화를 통해 공정 상황이 실시간 스스로 제어되는 산업 현장 그리고 이 모든 상황을 통제 가능한 전문 인력이 갖춰지기 위해선 기업의 체계적인 교육과 투자가 적극적으로 이뤄져야 할 것이다.

표 현 / 중소벤처기업진흥공단 호남연수원 과장

"스마트 공장 공급기업과 도입 기업은 서로 스마트 공장에 대한 이해도가 다르기 때문에 서로 교육을 통해서 차이를 극복해나가려는 관점이 중요합니다. 공급기업의 역량이 강화돼야 사실 스마트 공장이 잘 보급·확산이 될 수 있습니다. 그렇지 않으면 낮은 품질의 스마트 공장이 보급된다는 문제점이 생기므로 스마트 공장 공급기업에 대한 교육이 제일 중요합니다. 그리고 도입기업은 당연히 스마트 공장을 도입 후 운영해야 하므로 여러 가지 스마트 공장 이론이라든지, 기술이라든지 필요한 것들을 교육을 통해 이해하고 현장에서 적용할 수 있도록 체험해야 합니다."

스마트 공장에 관련한 전문 인력 양성을 위해 각 산업에선 지체 없이 움직이고 있다. 스마트 공장 배움터와 같은 정부 지원 프로그램을 이용하며 체계적인 교육을 받기도 하고, 기업 스스로 ICT 분야의 융합적인 전문가 양성 교육을 위해 산업 간의 네트워크를 형성하기도 한다. 가까운 미래 우리의 산업이, 그리고 기업들이 어떻게 변화될 것인지 예측할 수 있다면 준비된 인재가 만들어질 수 있기 때문이다.

조대희 / 스마트 공장 경영 컨설턴트

"기존에 우리 현장에 계셨던 분들이 물리 세상에서 물리적인 일들을 하셨는데 지금 디지털 트랜스포메이션이 이뤄지면서 전반적으로 디지털화된다는 거죠. 제조기술, IT 기술, 그리고 데이터를 기반으로 한 기술들이 융합돼 인재들을 자꾸 만들어가야 하고, 스마트 팩토리가 된다고 해서 사람들이 일자리가 없어지는 게 아니라 일자

예측할 수 없는 미래 사용설명서

리가 전문화되고 디지털로 전환이 되는 과정이라고 보시면 되겠습니다."

교육의 디지털화

서울 회기동에 위치한 한 사이버 대학교에서는 방송국 설비들을 그대로 옮겨온 듯 첨단 디지털 기기들을 활용하고 있다. 이 모든 장비와 방송 시스템은 학생들을 위한 수업 콘텐츠를 제작하는 데 사용되고 있다. 사이버 대학교의 특성상 학생들에게 질 높은 수업 내용을 온라인을 통해 전달하기 위해 이곳에선 교육의 디지털 전환이 꽤 오래전부터 이뤄졌다고 한다.

교육 방식의 디지털 전환

윤병국 / 경희사이버대학교 대학원장

"온라인 대학교 학습시스템이 초창기에는 그냥 강의를 올리고 학생들은 수업을 듣고, 출석하고, 채점하는 원초적인 시스템이었습니다. 현재는 이 LMS(Learning Management System, 교육 관리시스템) 시스템이 고도화됐습니다. 그러면서 교수는 언제 어디서든지 강의를 올릴 수 있고 학생은 언제 어디서든지 강의를 들을 수 있습니다. 온라인 교육의 최대 장점은 시공간을 초월한다는 것입니다. 시간과 공간을 초월해서 언제든지 수업을 들을 수 있는 LMS 시스템이 구현된 것이죠."

LMS(Learning Management System)는 사이버 세상의 캠퍼스를 의미한다. 온라인을 통해 학습의 전반적인 과정을 통합적으로 운영할 수 있다. 이러한 시스템이 준비돼 있기에 사이버 대학이 일찍부터 구축해 놓은 전문적인 콘텐츠 제작 인프라와 전문 인력들의 역할이 더 빛을 발할 수 있다고 한다. 특히 코로나19로 비대면 수업이 이뤄지고 있는 교육계의 현황을 봤을 때, 온라인 수업을 이끄는 한 사람이 모든 강의안과 자료 준비, 그래픽 제작, 촬영 등을 도맡아서 하는 것이 시간적으로 또 역량적으로 부담이 될 수도 있다. 사이버 대학교의 시스템을 통해 본 전문 인력의 분업화는 디지털 전환 시대에 발맞춰 앞으로 교육계가 고려해야 할 부분이기도 하다.

윤병국 / 경희사이버대학교 대학원장

"최근 스마트폰이 활성화되면서 옛날에는 데스크톱에서 노트북으로 진화해서 스마트폰을 가지고 언제 어디서나, 국내가 됐든 해외가 됐든 본인이 집이나 회사뿐만 아니라 특히 이동할 때 강의를 듣는 시스템에서 강의를 주고받습니다. 우리가 이것을 상호작용이라고 표현하는데, 이 상호작용이 스마트폰을 통해서 얼마든지 구현할 수 있는 시스템으로까지 발전된 것이죠."

교수님이 마이크와 노트북 웹캠을 켜면 곧바로 수업이 시작된다. 과연 요즘엔 어떻게 수업을 진행하는지 한번 살펴보았다. 물론 강의실에 있는 사람은 교수님 한 분뿐, 수업을 듣는 학생들은 모두 모니터 속에 있다. 서로 다른 장소에서 듣는 실시간 강의. LMS의 고도화가 됐다는 건 각종 스마트 기기를 통해 온라인 수업의 실시간 소통이 가능해졌다는 것을 의미하며, 이는 안정적인 통신 기술과 플랫폼을 기반으로 영상·음성 지원이 원활하게 이뤄진다는 증거다. 교육의 디지털 전환이 점차 진화하고 있다.

윤병국 / 경희사이버대학교 대학원장

"오프라인 교육은 강의실에서 교수님의 얼굴을 보면서 따뜻한 시선과 마음을 나누는 교육입니다. 그런데 단점이 있다면 반복이 안 된다는 것이죠. 만약 학생이 이해하지 못하거나 부족한 부분이 있으면 교수님을 찾아가서 물어봐야 하는 시간을 또 내야 합니다. 반면 온라인 교육은 이 문제를 해결할 수 있습니다. 본인이 이해하지 못하는 부분을 반복해서 들을 수 있기 때문이죠. 그리고 강의가 지나가더라도 다시 듣고 또 들을 수 있는 겁니다. 그러므로 온라인 교육과 오프라인 교육의 각 장단점을 잘 섞으면 그게 최적화 교육이 됩니다."

교육계의 생태계 변화는 이미 조금씩 이뤄지고 있었지만 코로나19가 그 시기를 급속도로 당긴 건 사실이다. 교단에 선 수많은 교육자가 갑작스런 온라인 수업으로의 전환에 적응할 시간이 필요했다. 교육의 디지털 전환을 이룬 선례에서 해결의 실마리를 찾아보는 건 어떨까? 차근히 디지털화와 그 노하우가 쌓여간다면 언제 어디서든 배움을 찾는 우리의 모습이 일상이 될지도 모른다.

일상 속 화상 기술

디지털 전환 시대를 상징하는 한 기술을 확인하기 위해 플랫폼 기업을 찾았다. 업무가 한창인 시간, 직원들 대부분이 모니터에서 시선을 떼지 않고 있다. 이곳은 바로 '화상 서비스 플랫폼 기업'이다. 효과적인 비대면 소통이 이뤄지는 데 필요한 화상 시스템이 국내 기술로 개발되고 있는 곳이다.

이랑혁 / 화상 시스템 플랫폼 기업 대표

"화상 서비스라는 게 디지털 전환에서 필수 아이템 중 하나입니다. 화상 서비스를 사람들은 화상 회의만 생각하는데요. 회의뿐만 아니라 교육을 한다거나, 공부한다거나, 공연한다거나 비대면에 필요한 모든 서비스를 제공하는 회사입니다."

비대면 시대에 불황을 맞은 공연계에도 디지털 전환의 바람이 불었다. 관객과 배우가 화상 플랫폼을 통해 실시간으로 만날 수 있는 중계형 공연들도 등장하고 있다. 무대라는 공간을 벗어난 배우들과 객석을 벗어난 관객들이라는 점을 제외하곤 더욱 생생하게 몰입할 수 있는 화상 공연. 학교 수업뿐만 아니라 실제 독서실에 앉아있는 것처럼 함께 공부하는 온라인 독서실과 온라인 공부방. 기업에서 재택근무나 해외

화상 시스템을 통한 일상 공유

담당자 미팅에 적극적으로 사용하는 화상 회의까지. 사람들이 네트워크로 연결된 사이버상의 공간에서 만나 함께 소통할 수 있는 건 개인의 컴퓨터나 스마트 기기에 화상 서비스 플랫폼이 구축되어 있기 때문이다.

이랑혁 / 화상 시스템 플랫폼 기업 대표

"화상 서비스를 회의로 이용하는 분들은 10%밖에 되지 않습니다. 거의 50% 정도의 수준이 교육용으로 사용되고, 나머지 40%가 코로나19 이전에 없었던 서비스들로 발전하고 있습니다. 예를 들면 비대면 방청객을 위한 용도로도 사용하고, 대형 콘퍼런스 같은 경우도 국제무역전시장이나 오프라인 시설에서 진행이 됐었는데 지금은 온라인으로 이뤄지는 경우가 많습니다. 지금은 콘퍼런스뿐만 아니라 학술대회, 공연까지도 온라인을 이용합니다. 이전에는 없었던 비즈니스 영역이고 코로나19 이후 계속 만들어지고 확장되고 있습니다."

6년 전 설립한 이 회사는 온라인 공부방이라는 서비스로 학생들이나 공부하는 성인들에게 이름을 알리기 시작했다. 독자적인 화상 서비스 플랫폼을 가지고 있던 이곳이 비대면 시대와 만나 시너지를 낸 것이다. 존재하는 서비스였지만 대중적으로 이용되진 않았던 화상 서비스가 이젠 누구나 이용할 수 있을 정도로 익숙한 기술문화가 됐다. 시대의 커다란 흐름에 올라탄 기술. 이용자가 10배나 늘어났으니 그 증가에 맞춰 트래픽 또한 증가했고, 직원들은 그만큼 할 일이 많아졌다고 한다. 연동성과 연결성이 생명인 화상 서비스에서 어떤 문제가 발생했는지 끊임없이 모니터링하는 작업 또한 필수적인 일이다.

손용준 / 화상 시스템 플랫폼 기업 매니저

"고객사에서 본인들이 교육을 진행하는 데 있어서 문제가 발생했을 때 즉각적인 대응을 요청하는 경우가 있습니다. 그래서 모니터링을 통해 직접 사전에 문제들을 파악하고 예방할 수 있어서 모니터링이 중요합니다."

소프트웨어, 통신 기술, 클라우드 등이 결합된 화상 서비스의 대중화. 최근 이곳에서 관심을 갖고 있는 건 교육과 건강이다. 화상 플랫폼을 이용해 공부하는 이들에게 장시간의 집중은 피로 누적과 신체 불균형을 유발할 수 있다. 공부하는 틈틈이 사용자들이 스트레칭을 할 수 있도록 영상을 제공하려는 계획을 하고 있는 이들. 서로 다른 장소에서 공부하지만 다 같이 하는 공부가 되고 또 다 함께 몸을 쭉 펼 수 있는 기회가 마련된 특별한 공간이다. 우리는 지금 화상 서비스를 다양한 일상과 산업에서 활용하는 디지털 시대에 살고 있다.

이랑혁 / 화상 시스템 플랫폼 기업 대표

"코로나19 이후가 되어도 화상 서비스는 우리가 일반적으로 사용하는 서비스가 될 거로 생각됩니다. 저희뿐만 아니라 기업이 더 크면 클수록 관련된 이들이 많으면 많을수록 이런 미팅들이 전부 화상화될 것이고, 일반적인 생활 자체에서도 실시간 화상 서비스가 다양한 형태로 만들어질 거로 보고 있습니다. 지금은 화상 서비스 자체가 일상이 되어있다는 것이 가장 큰 변화입니다."

인공지능으로 도약

디지털 전환에 필요한 핵심 기술을 연구하고 있는 성균관대학교에서 이종석 교수팀은 인공지능을 활용해 다양한 분야에 적용할 수 있는 기반 기술들을 연구하고 있다. 만약 어떤 산업체에서 데이터가 생산되고 추출되는 자동화 인프라를 마련했다면 최종적으로 '지능화 구축 단계'가 필요하다. 이때 사용되는 것이 바로 디지털 전환의 중심 '인공지능'이다. 그렇다면 인공지능이라는 도구를 활용하는 이곳에서 어떤 산업의 미래를 예측할 수 있을까? 그것이 어떤 분야이든지 공통점은 '사람으로 인한 비효율을 제거하는 것'이라고 전문가는 말한다.

이종석 / 성균관대학교 시스템경영공학과 교수

"디지털 트랜스포메이션이라고 하면 사람에 의해서 잘못 수행되는 부분, 어떤 작업이나 임무를 수행하는 데 있어서 잘못 수행되는 부분 혹은 사람에 의한 비효율을 제거하는 어떤 행동이라고 정의하고 싶습니다. 빅데이터, 인공지능, IoT 이런 것들이 결합해서 어떤 영역 간 경계가 허물어진다는 얘기를 많이 하는데, 사실 그런 것의 본질을 들여다보면 그냥 비효율을 제거하는, 조금 더 편리해지고 싶고, 조금 더 효율적으로 일을 하고 싶은 그런 일련의 활동이라고 생각합니다."

사람으로 인한 비효율을 최소화하는 작업, 그 안에는 많은 기술과 의미가 포함돼있다. 이들이 연구하는 인공지능의 역할은 단순히 이야기하면 어떤 일을 하는데 작업 시간을 단축하고, 문제점을 예측해 미리 방지하며, 사람의 실수가 전체의 문제가 되지 않도록 방지하는 데 있

오브젝트 카운팅 기술 화면

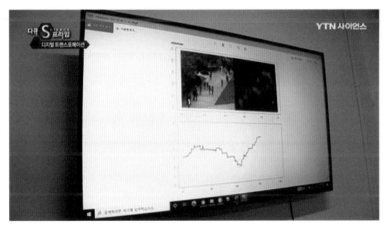

다고 한다. 말로는 구체적인 그림이 그려지지 않는 이들의 연구 내용을 직접 확인해 보았다.

오브젝트 카운팅(Object Counting, 인공지능 기반의 특정 개체의 수를 자동으로 카운팅 하는 시스템). 사진이나 영상 속에서 타깃으로 삼은 개체의 분포를 추정하는 기술이다. 사람의 눈으로 확인 가능한 개체부터 전자 현미경으로 보이는 나노 단위의 입자 수까지 빠르게 움직이는 것이든 셀 수 없이 많은 것이든, 형태적 특성과 통계적 분석에 머신 러닝 기법 (Machine Learning, 인간의 학습 능력과 같은 기능을 컴퓨터에서 실현하고자 하는 기술 및 기법)이 적용되면 원하는 개체 수를 측정할 수 있다.

특수 장비들을 많이 동원하지 않아도 카운팅 하고자 하는 개체의 데이터만 축적된다면 학습 기반 모델을 만들어 응용할 수 있다. 이러한 기술은 기존에 활용하던 업무 체계를 좀 더 효율적으로 바꿀 수 있는 시스템으로 여러 산업 분야에 접목할 수 있다.

윤재섭 / 성균관대학교 정보과학연구실 연구원

"통행량 조사라든지, 고속도로에 자동차가 얼마나 지나다니는지, 유동인구 조사도 할 수 있습니다. 차의 분포도 같은 경우 직접 차를 인식하지 않아도 내가 원하는 개체가 있다면, 개체의 개수만을 정확히 측정하는 연구를 하기 때문에 측정하기 쉽지 않은 부분에서도 장점이 될 수 있을 같습니다."

예측할 수 없는 미래 사용설명서

인공지능 기반의 '실시간 제조공정 최적화 기술(제어 상태 기반 공정의 수율·품질을 예측하는 인공지능 모델)' 또한 연구팀의 성과 중 하나이다. 제조 설비의 제어 상태를 기반으로 최적의 수율과 품질을 예측하고, 이를 바탕으로 제어 값을 도출하는 것이다. 예측 모델을 통해 최적의 조건이 제시됐으므로 실적을 달성하기 위해 어떤 변수를 바꿔야 할지 인공지능이 수치로 찾아내는 것이 가능하다. 최적의 목표를 예측하고 그 값에 맞는 조건이 실시간 공정 과정에서 자동으로 제어되는 현장. 이러한 플랫폼이 구축됐다면 산업 현장에선 디지털 전환의 고도화가 이미 이뤄졌다고 볼 수 있다.

한민석 / 성균관대학교 정보과학연구실 연구원

"공정이 점점 복잡·다양해지면서 아무리 숙련된 조업자라고 하더라도 수집되는 모든 환경변수나 그런 공정 상태들을 동시에 고려하기가 매우 힘들어지는 상황입니다. 정확한 최적의 제어 값을 찾아내는 것도 마찬가지로 힘들어졌습니다. 실시간 예측 모델 기반 최적 제어 값 산출 알고리즘은 이러한 것들을 보완하기 위해 만들어진 알고리즘이라고 생각하시면 됩니다. 24시간으로 제어·관리돼야 하는 연속 공정들이나, 제어 시점으로부터 품질 테스트까지 걸리는 시간이 오래 걸리는 공정들에서 특히 사용되고 있습니다."

연구자들에겐 주어진 숙제가 있다. 각 산업을 이끄는 기업들에 적용할 수 있는 최적의 솔루션을 제공하는 것이다. 현실적인 기업의 인프라를 반영해 지금보다 나은 체계를 구축하고 생산 시스템의 효율을 높이기 위한 노력이 이어지고 있는 지금. 첨단 기술과 자연스러운 융합이 이뤄질 디지털 전환을 위해 인공지능의 역할을 제공하는 연구자들에게 힘을 실어줄 필요가 있을 것 같다.

이종석 / 성균관대학교 시스템경영공학과 교수

"인공지능과 사람의 협업 형태가 가장 좋은 형태이며 그렇게밖에 될 수 없고 그래야만 더 잘 흡수할 수 있습니다. 그리고 소프트웨어도 하드웨어처럼 지속적인 유지 보수가 필요하고 비용이 계속 드는 일이며 눈에 보이지 않지만, 이것에 대한 가치를 인정할 수 있는 문화가 형성돼야 디지털 전환을 정말 잘 도입할 수 있지 않을까 생각합니다."

우리는 디지털로 산업 생태계가 전환되는 시대에 서 있다. 기업이 먼저 이 커다란 움직임에 변화를 시도하고 있는 시기. 물론 시행착오와 혼란이 일어나기도 할 것이다. 기업 간 디지털 격차가 생기는 것 또한 우려가 되는 부분으로 플랫폼 기업의 독점 구조가 형성될 수도 있다. 이러한 문제 상황이 예상됨에도 불구하고 앞으로 나아갈 수 있는 이유는 인재들의 역량과 기업의 확고한 비전이 이 모든 문제를 헤쳐나갈 수 있을 거라는 믿음 때문이다. 그리고 너무 광범위한 변화보다 지

예측할 수 없는 미래 사용설명서

금 기업에 주어진 문제점에 집중하고, 디지털 전환을 통해 우리가 무엇을 해결할 수 있을지 생각해 보는 것 또한 해답을 찾을 수 있는 실마리일지 모른다.

이종석 / 성균관대학교 시스템경영공학과 교수

"데이터의 품질이 좋다면 성능이 좋은 모델을 만드는 건 그렇게 어려운 일이 아닙니다. 물론 이 사이에도 연결을 잘하는 사람이 있어야 하지만 그다음, 그다음 단계에서 우리가 무엇을 해야 하는가는 자연스럽게 결정이 된다고 봅니다."

데이터로 시작해 인공지능으로 마무리하는 디지털 트랜스포메이션. 필요한 기술과 인프라가 무엇인지 이미 우리는 알고 있다. 누가 어떻게 이 도구들을 활용해 빛나는 가치를 생산해 낼 수 있을까. 디지털 전환의 흐름을 읽고 먼저 움직이는 자 그들만이 새로운 시대 속에서 살아남을 수 있을 것이다.

상생으로 한계를 넘다

2022년, 우리는 디지털 대 전환으로의 변화를 온몸으로 경험하고 있다. 우리의 일상은 어느새 디지털과 하나가 되었고, 이제는 디지털이 아닌 것을 찾아보기 힘들게 됐듯 우리 사회에 혁신이 일어났다.

김광석 / 한국경제산업연구원 경제연구실장

"2025년, 2030년쯤에나 있을 법한 일들이 2021년에 나타나는 그런 현상들. 그렇게 디지털 트랜스포메이션이 코로나19 충격으로 앞당겨지고 가속화됐죠."

배유석 / 한국산업기술대학교 첨단제조혁신원장

"그것들이 궁극적으로는 우리나라의 경제력을 강화하고 상승시키는 데 코어 역할을 할 거라고 믿어 의심치 않습니다."

이미 디지털 전환을 향한 항해는 시작됐다. 더 나은 세상에 도착하기 위해 우리는 두 손에 잡은 키가 방향을 잃지 않도록 운항해야만 한다. 모두가 완벽한 디지털 전환 사회 그 미래로 다가가기 위해 우리는 어떤 준비를 해야 할까? 그 방법을 모색해 볼 차례다.

디지털 전환을 향한 항해

드넓은 바다를 품고 자리한 광양의 한 제철소. 단일 제철소로는 조강 생산량 세계 1위 타이틀을 보유한 이곳은 연간 2천 1백만 톤의 조강을 생산하는 곳답게 남다른 규모를 자랑한다. 몇 해 전, 일부 공정 과정의 지능화를 시작으로 꾸준히 디지털 전환의 기반을 확립하며 앞서 살펴봤던 '스마트 팩토리(스마트 공장)'라는 제조혁신을 이뤘다.

윤민경 / 광양제철소 EIC기술부 대리

"철강 공급 과잉이 되면서 철강 제품의 가격이 많이 하락했고 글로벌 경쟁이 심화되면서 앞으로 이에 대한 경쟁 품질이나 설비 장애율을 개선했어야 했는데, 현재 가지고 있는 기술력만으로는 한계가 있었습니다. 더욱이 여기서 고근속 직원들이 대거 퇴직하면서 그들이 가지고 있는 노하우가 전수되지 못하는 단절 문제가 발생했습니다. 이렇게 당면한 문제점을 해결하기 위해서 2016년도부터 후판 공장을 모델 공장으로 선정하고 스마트 팩토리로서 활동을 추진하게 되었습니다."

제철소에선 철강 제품을 만들기 위해 여러 가지 공정을 연속으로 진행한다. 이를 위해선 제품의 생산 계획을 세우고 용광로의 상태를 체크하는 등 숙련된 기술자의 손길이 필요하다. 스마트 팩토리 도입으로 자동화 및 지능화를 이루며 제품생산 효율이 향상되고 사람의 업무 부담은 줄었다고 한다.

스마트 팩토리란, 사물인터넷을 기반으로 공장의 모든 것이 소통하

스마트 팩토리와 AI 카메라를 통한 제품 제작 모니터링

　　　　　　　　　　예측할 수 없는 미래 사용설명서

며 생산성, 품질 그리고 고객만족도를 향상시키는 지능형 생산공장임을 앞서 익혀왔다. 제품 생산 계획에서부터 공정 과정까지, 지능을 얻은 제철소는 사람의 도움 없이 움직이며 최적의 공정 과정을 찾아 제품을 만들어낸다.

슬래브(Slab, 최종 철강 제품을 만들기 위해 쇳물을 응고해 만든 중간 소재)라는 중간 소재를 고객사가 원하는 사이즈와 재질로 만들어내는 열연 공정에 일어난 변화는 눈여겨볼 만하다. 열연 공정은 슬래브에 열을 가해 일정한 폭과 두께로 압축하고 냉각시켜 두루마리 형태로 만들어 주는 것이 핵심이다. AI의 적용으로 지능을 얻은 만큼 사람의 도움을 받지 않고도 공정 과정을 무리 없이 소화할 수 있게 됐다. 운전실에선 열연 공정 모니터링이 이루어진다. 최근에는 인공지능이 탑재된 카메라를 도입해 휴먼 에러를 최소화하고 있다. 성분, 사이즈 등의 정보가 포함된 마크를 카메라로 인식한 뒤 주문에 맞는 슬래브인지 확인하는 것이다. 이는 제품 제작에 사용될 슬래브가 바뀌는 것을 방지해 준다.

이민주 / 광양제철소 열연부 과장

"AI 기술이라는 것 자체가 이미지 프로세싱(Processing)에 굉장히 최적화되어있기 때문에 일단은 카메라를 최대한 활용해서 소재 정보가 매칭된다든지, 아니면 소재가 정상적이지 않게 압연되고 있다든지 등의 정보를 AI 프로세싱을 통해서 정량적으로 캐치를 해냅니다. 캐치한 데이터를 바탕으로 자동 제어까지 연결하는 그런 제어 시스템을 만들고 있습니다."

도금 공정 과정도 한층 진화했다. 과거엔 숙련된 기술자가 아연 도금량을 제어했다면, 이제 그 일을 딥러닝 기술(Deep Learning, 학습을 통한 생각하는 컴퓨터)이 해낸다. 조건에 따라 목표 도금량을 스스로 학습해 도금량을 최적화할 수 있게 된 것이다. 도금량 제어 적중률이 99%를 웃도는 이 기술은 '국가 핵심 기술(해외에 유출될 경우 국가의 안전보장 및 경제 발전에 영향을 줄 수 있는 산업 기술)'로 등재되었다고 한다. 스마트 팩토리를 구축하려는 노력이 생산성 증대를 불러왔을 뿐 아니라 국가의 자산이 된 것이다.

박현준 / 광양제철소 도금부 사원

"과거에는 작업자가 모니터링해야 할 인자가 아주 많았습니다. 하나하나 캐치하고 제거해야 하다 보니 품질 편차 개선의 한계가 있었습니다. 원래는 품질 미달이 나지 않도록 아연을 과부착하는 경우도 많이 발생했습니다. 하지만 이에 따른 문제점을 AI를 통해 더욱 정밀하게 제어함으로써 품질 편차 한계를 개선하고 따라서 원가 절감의 효과를 얻었습니다."

고도화된 기술을 입은 스마트 제철소는 성공적인 제조혁신을 이룬 공장에 주어지는 '등대공장(세계경제포럼 선정, 4차 산업혁명 핵심 기술로 제조혁신을 이끄는 공장)'이란 칭호를 얻게 됐다. 우리나라를 넘어 전 세계 제조업이 나아가야 할 디지털 전환의 기준점이 된 것이다.

윤민경 / 광양제철소 EIC기술부 대리

"광양제철소가 등대공장으로 선정이 되었습니다. 앞으로도 철강 산업의 디지털 혁신을 위해서 중소기업과 함께 공생 가치를 창출해 나가면서 중소기업이 가지고 있는 환경, 에너지, 안전 같은 문제를 해소하기 위해 지역 내 중소기업의 문제 해결 방안에 대해서 모색할 예정입니다."

국내에선 중소기업과 상생의 일환으로 자사의 노하우를 전수하며 스마트 팩토리 전환을 돕는다고 하니, 앞으로 우리나라의 한층 높아진 스마트 팩토리 수준을 기대해 봐도 좋을 것 같다.

휴머노이드(Humanoid)

제조업의 디지털 전환, 우리와는 조금 먼 이야기 같았나? 그렇다면 로봇은 어떤가? 우리 일상 속에선 사람을 대신해 길을 안내해주거나, 음식을 서빙해주는 로봇을 볼 수 있다. 최근엔 스스로 길을 찾아 움직이며 사람을 대신해 물건을 전해주는 로봇도 등장했다. 로봇 배송 시대가 도래한 것이다. 경기도 수원시 영통구에는 조금 특별한 로봇이 도시를 누비고 있다. 가게 앞에 자리한 귀여운 로봇이 바로 그것! 꾸준히 증가하고 있는 배달주문을 보다 효율적으로 처리하기 위해 배달앱 전문업체에서 도입한 로봇 음식 배달원이다.

김주환 / 배달앱 전문업체 로봇사업실 로봇 배달 서비스팀

"온라인 주문이 보편화되고 점점 증가하면서 자연히 필요한 물류의 양도 꾸준히 증가했습니다. 특히 COVID-19 이후 수요의 증가세가 눈에 띄게 가속화되었고, 실시간성을 필요로 하는 음식 배달의 특성상 악천후 같은 상황에서 라이더의 안전 또한 늘 고민해야 하는 게 문제였습니다. 이에 대한 여러 가지 방안 중 2017년부터 로봇 배달 서비스를 준비해왔습니다. 딜리 드라이브도 같은 맥락에서 준비된 서비스며 주거지역을 중심으로 반경 1km 이내 상권으로부터 근거리 배달을 통해 보다 효율적이고 안전한 배달을 목적으로 기획되었습니다."

현재 일부 지역에서 시행되고 있는 로봇 배달 서비스는 전용 QR코드 주문을 통해 이용할 수 있다. 휴대폰 카메라로 QR코드를 인식해 원하는 음식을 주문하면 음식을 담아 주문자에게로 배송해준다. 시속 5km 정도로 주행하는 로봇은 주변 환경에 따라 똑똑하게 움직이며 혼자 힘으로 목적지를 찾아간다. 이 로봇 배달원이 움직일 수 있는 반경이 더욱 넓어진다면, 그리고 더 똑똑해진다면 새로운 배달 형태가 우리

일상에 녹아들 수 있다. 이를 위해선 관련 기술의 연구 그리고 우리 모두의 관심이 필요하다.

이어서 KAIST를 찾아가 보았다. 이곳에서 로봇 개발에 한창인 연구진을 만날 수 있었는데, 네모난 외형에 커다란 액정이 자리한 것이 우리가 아는 로봇과 조금 달랐다. 이 로봇은 배달을 주목적으로 개발되고 있다. 최근 비대면 기술의 필요성이 대두되며 더욱 주목받고 있는 로봇이다.

KAIST에서 개발한 자율주행 배달 로봇

음식을 배달하는 배송 로봇

심현철 / KAIST 전기 및 전자공학부 교수

"요즘 배달을 많이 하는데 보통 배달은 사람이 전통적으로 해왔지만 일부 특정한 상황에서는 로봇들이 충분히 잘할 수 있습니다. 또 로봇들은 사람과는 달리 지치지 않고 정확하게 배송할 수 있는 측면에서 앞으로는 배달 같은 일들도 로봇이 할 수 있는 중요한 부분이라는 생각이 듭니다. 최근에 인공지능 기술이 발달해서 사람을 인식하는 객체라고 하는데, 객체 인식을 하고 거기다 어떻게 대응해야 하는지를 추론하는 기술이 많이 발달했습니다. 그래서 스스로 배달할 수 있는 로봇을 개발하고 있고 외국에서도 많이 개발되고 있습니다. 일부 실용화도 이뤄지고 있습니다."

연구진은 행정안전부와 대전시에서 운영하는 주소체계 고도화 사업 지원 아래 자율주행 로봇 기술을 확보하기 위해 노력하고 있다. 그리고 그 노력의 결과물로 이 로봇을 개발했다. 주변 정보를 인식하는 각종 센서, 정보를 처리하는 연산장치로 구성된 이 로봇은 사용자가 도로명 주소를 입력하면 스스로 길을 찾아가는 스마트함을 가졌다.

이대규 / KAIST 무인시스템 및 제어 연구실 연구원

"자율주행 시스템에서 기본적으로 필요한 게 '인지', '판단', '제어'입니다. 주변 환경을 '인지'하고 어떤 목적지로 갈 것인지 그리고 목적지에 도달하기까지 정지할 건지 혹은 그대로 주행할 건지 이런

'판단'부가 필요합니다. 그러면 그 과정 중에서 목적지로 도달하기 위한 '제어' 명령을 계산해서 안전한 제어 명령을 뽑는 식으로 구성 되어 있습니다."

배달 로봇은 마치 자율주행 자동차처럼 라이다 센서로 주변을 인지 하고, GPS 센서로 자신의 위치를 파악하며 스스로 목적지를 찾아간다. 사람이나 가로수 등 방해 요소가 많은 인도를 달리는 로봇은 주변에 피해를 주지 않기 위해 여러 돌발 상황에 유연하게 대처할 수 있어야 한다. 목적지를 주행하던 로봇은 사람을 발견하곤 잠시 멈춰선 후 다시 주행을 시작한다.

김보성 / KAIST 무인시스템 및 제어 연구실 연구원

"상황에 따라 조금 다르긴 한데 예를 들어서 좀 넓은 지역 같은 경 우에는 로봇이 장애물을 회피해서 가는 기능이 있지만, 조금 더 좁 은 도로에서는 회피할 수 있는 경우가 그렇게 많지 않습니다. 왜냐 하면, 좌우에 차도가 있을 수도 있고 주행할 수 없는 지역이 있을 수 도 있으므로 상황에 따라 조금 다르게 기능하게 되어있습니다. 좁 은 도로에서는 정지 상태로 대기 후 출발하는 기능이 있고, 넓은 지 역에서는 장애물을 회피한 후 주행하는 기능을 가지고 있습니다."

우리 생활이 점점 편리해지는 건 디지털 전환 관련 기술이 꾸준히 연

구되고 있기 때문이다. 연구진은 자율주행 배달 로봇으로 그 사실을 증명했다. 앞으로 상용화를 위한 몇 가지 숙제를 해결한다면 머지않아 집 앞까지 음식 배송이 가능할 것으로 기대된다.

심현철 / KAIST 전기 및 전자공학부 교수

"아직 기술을 풀어내야 할 것도 많이 남아있지만 앞으로 더 해야 할 것은 제도적인 문제도 많습니다. 기술적으로 뭘 만들어서 어디를 가야 하느냐뿐만 아니라 사회적인 수용성, 또 기존에 있는 사회적인 인프라를 로봇이 능동적으로 대응할 수 있는 그런 기술들이 난제입니다. 그래서 우리 연구실은 그 문제에 많은 연구를 위해 노력을 수양하고 있습니다."

디지털 전환 문제점 및 정부 지원 스마트 팩토리 리드

디지털 트랜스포메이션. 전통적인 사회 구조를 바꿔놓은 이 키워드는 이미 오래전부터 우리와 함께했다. 다만, 우리 삶에 서서히 녹아들어 우리가 체감하지 못했을 뿐이다. 하지만 4차 산업혁명에서부터 최근 코로나19까지 디지털 전환을 앞당기는 요소들로 인해 세상의 많은 것들이 급격히 바뀌고 있다. 특히 제조 분야에서는 '스마트 팩토리'로의 전환이 가속화되고 있다. 제품의 설계에서부터 제조, 유통 등 생산 과정에 정보통신기술이 적용된 지능형 공장으로 탈바꿈하고 있다. 공

정 과정의 최적화로 제품의 생산성은 향상하고, 불량률 그리고 산업재
해는 줄어드는 효과를 얻을 수 있다.

배유석 / 한국산업기술대학교 첨단제조혁신원장

"기본적으로 전통 제조방식은 효율성이 떨어지기 때문에 스마트한
제조방식으로 바꿔야 할 필요성이 있습니다. 우리나라 같은 경우는
전 세계 5위 안에 들어가는 제조 강국입니다. 그런데 우리가 좀 더
제조업에서 경쟁력을 갖기 위해선 현재 전통 제조방식에 디지털 기
술, 스마트한 4차 산업혁명 기술을 포함해서 스마트한 공장으로 만
들고, 그것을 우리가 디지털 전환이라는 내용을 포함해서 이야기할
수 있습니다. 그러한 전환이 이루어져야지 훨씬 더 생산성 향상을
가져올 수 있습니다. 그다음에 제조업 전체에 경쟁력을 향상할 수
있습니다."

하지만 국내 스마트 팩토리는 일부 대기업에 편중돼있는 상황이다. 자
본력과 전문 인력을 갖추고 있는 대기업은 빠르게 디지털 전환을 이루어
나갈 수 있기 때문이다.

스마트 팩토리의 발전 수준에 따른 대기업과 중소기업의 간극을 살
펴보면, 빅데이터 등이 부분 적용된 대기업의 경우 '중간2' 단계에 도
달해 있다. 반면 중소 업체는 '기초' 혹은 '중간1' 단계에 머물러 있는
수준이다. 만약 중소기업이 기초단계마저 진입할 수 없다면 기업 간 격

차가 더욱 벌어지며 시장에서 도태되고 말 것이다. 더 나아가, 전 세계적으로 일고 있는 디지털 전환 추세와 맞물려 우리 산업의 근간인 제조업이 해외시장에서 밀려나는 형국이 될 터이다. 그렇다면 중소기업은 왜 디지털 전환에 소극적일 수밖에 없는 것일까?

배유석 / 한국산업기술대학교 첨단제조혁신원장

"중소기업 같은 경우는 자체적으로 디지털 전환을 할 능력이 부족합니다. 대기업이나 중견기업 정도는 전환할 수 있는 자체 능력을 보유하고 있습니다. 그다음에 정부와 레벨별로 협력을 많이 하고 있는데, 중소기업은 정보가 부족해서 어떤 형태로 디지털 전환을 해야 하는지, 왜 이게 필요한지 등 이런 개념도 부족한 경우도 많이 있습니다."

스마트 공장 발전 수준 단계

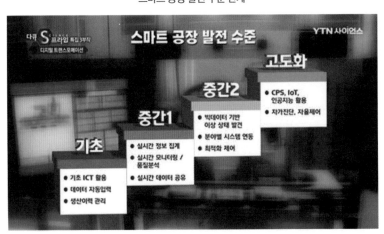

예측할 수 없는 미래 사용설명서

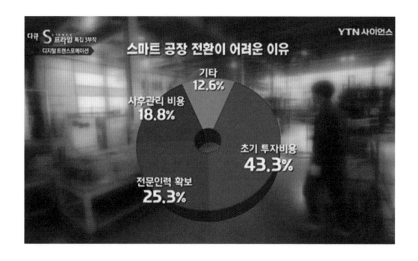

조사에 따르면 중소기업이 스마트 팩토리 전환의 문턱을 넘지 못하는 이유 중 초기 투자비용이 가장 높은 비율을 차지한다. 전문 인력 확보의 어려움이 그 뒤를 잇는다. 중소기업이 처한 어려움을 해결하기 위해 대책이 필요한 상황. 이에 따라 정부에서는 중소기업의 부담을 줄여주기 위해 다양한 지원을 이어가고 있다.

이를 확인하기 위해 신약 후보물질 즉, 단백질의 제조공정을 개발하고 기술을 이전하는 바이오벤처기업을 찾았다. 커다란 탱크가 시선을 사로잡는데 탱크 안에는 연구진의 기술이 집약된 미생물이 자라고 있다. 그리고 이들은 이 미생물을 더 안전하고 효율적으로 생산하기 위해 차근차근 스마트 팩토리를 구축해 나가고 있다.

신철수 / 바이오벤처기업 대표이사

"연구자산의 관리 그리고 내부 자산으로 축적하는 것에 대한 필요성이 있었습니다. 그래서 데이터를 축적해서 더 좋은 방향으로 효율을 높여가는 과정, 이런 과정을 위해서는 디지털화가 꼭 필요합니다. 그래서 현재 저희 역량에서 단계적으로 밟아서 문서중앙화를 하고, 그다음에 ERP(Enterprise Resource Planning, 전사적 자원관리)를 진행하고 MES(Manufacturing Execution System, 제조 실행시스템)를 통해 전체 공정을 모니터링하는 이런 과정을 차례대로 진행하고 있습니다."

고순도 단백질 생산을 위해 재조합 미생물을 설계·정제·생산하는 기술은 이들이 가진 핵심 기술이다. 최적화된 단백질 공정 과정을 찾아내기 위해 진행하는 모든 연구에는 약 20년간 쌓아온 이들의 노하우가 집약돼 있다. 그리고 이를 통해 얻은 데이터 하나하나는 회사의 자산으로 통한다. 이들이 진행하는 모든 연구가 곧 회사의 경쟁력이자 보안의 대상이 된다. 만약 연구 데이터가 사라진다면 회사에 큰 영향을 미치는 상황. 실제로 몇 해 전, 악성코드에 의해 일부 데이터가 소실되는 피해가 있었다고 한다. 이를 계기로 보안 솔루션을 도입하게 됐다. 바로 정부 지원이 있었기에 가능한 일이었다.

최현지 / 바이오벤처기업 경영지원부 대리

"대·중·소협력재단에서 진행했던 '기술유출 방지시스템 구축사업'

예측할 수 없는 미래 사용설명서

이라는 프로그램에 참여해서 지원받게 되었습니다. 가장 큰 도움이 정부지원금을 통해서 중소기업으로서는 비용적인 부분의 절감이 있었고 이런 프로그램을 처음 해보다 보니까 어떤 걸 구축해야 하는지 막연한 부분이 있었습니다. 그런데 구축 경험이 있는 업체랑 같이 진행하다 보니 손쉽게 접근할 수 있었던 것 같습니다."

회사의 자산을 지키기 위해 이들이 선택한 건 문서중앙화와 개인정보 검출 솔루션이다. 개인 PC에서 작업하는 모든 문서를 해당 PC가 아닌, 문서중앙화 서버에 저장하고 공유하게 함으로써 데이터 보안을 꾀한 것이다. 데이터가 소실되면 복구하기 힘들뿐더러 기술 유출로 심각한 타격을 입을 수 있는 바이오 업체. 때문에 디지털 전환은 피할 수 없는 선택이었다.

솔루션 도입 후 어떤 변화가 있었을까?

1. 보안
중요문서를 정기적으로 백업하고 바이러스에 감염되더라도 똑같은 폴더로 카피해 문서를 안전하게 보호할 수 있게 됐다.

2. 유출 이력 관리
파일별로 보안등급을 설정해 접근 권한을 부여하고, 기밀문서를 외부로 보낼 때 기록이 남게 하여 유출 경로 추적이 가능해졌다.

3. 업무 인수인계 및 문서 공유

해당 업무의 폴더권한을 열어주는 방법으로 업무 인수인계를 할 수 있어 업무 파악이 한결 쉬워졌다.

4. 도입 효과

실제로 솔루션 도입 후, 2년 동안 보안 침해 사고는 단 한 건도 발생하지 않았다.

솔루션 도입 과정과 효과

최현지 / 바이오벤처기업 경영지원부 대리

"과거에는 하나의 사업계획서를 공유하고 각자 파트를 맡아 만들어서 하나로 합치는 사람이 있었다면, 지금은 하나의 업무 폴더를 만들어놓고 그쪽에서 작업하게 되면 하나의 파일로 관리됩니다. 때문에 전체적인 버전 관리도 쉽고 불필요하게 메신저나 메일을 통해 파일을 공유하지 않아도 된다는 점이 좋은 것 같습니다."

데이터 보안 걱정 없이 회사를 운영하며 연구·개발에 힘을 쏟을 수 있게 된 이들. 디지털 전환의 혜택을 경험한 만큼 앞으로 더 다양한 스마트 시스템을 도입할 계획이라고 한다. 가장 필요한 것부터 서서히 지능을 부여해 나가는 것, 이것이 디지털 전환 시대에 대처하는 기업의 현명한 자세가 아닐까?

김광석 / 한국경제산업연구원 경제연구실장

"디지털 트랜스포메이션은 일개 개인이, 일개 기업이 혹은 일개 국가가 거스를 수 있는 종류의 것이 아닙니다. 변화를 이해하고 디지털 트랜스포메이션이 어떤 방향으로 어떤 식으로 어떤 속도로 전개되고 있는지 명확히 들여다보고 변화를 리드하는 주체가 되어야겠다는 걸 강조하고 싶습니다."

스마트 팩토리로 전환한 또 다른 공장을 찾아가 보았다. 입구에 자리한 다양한 고무 제품을 보면 알 수 있듯, 고무 소재 부품을 만드는 곳이다. 1차 산업 뿌리 기업군에 최적화된 스마트 솔루션을 적용해 다양한 제품을 생산하고 있다고 한다. 중소기업으로선 쉽게 도전하기 힘들었던 스마트 팩토리로의 전환, 하지만 제품 품질 향상을 위해 변화하기 시작했다. 이제 공장은 고도화를 논할 만큼 안정기에 접어든 상황이다. 과연 이들은 어떻게 혁신을 이룰 수 있었을까?

박경원 / 고무 부품 생산업체 연구소 소장

"저희는 한국수력원자력의 A등급 제품 납품업체로 등록되어 있습니다. 그러다 보니 한국수력원자력과는 여러 사업을 진행했었는데 그때 '상생형 스마트 공장 지원사업' 과제 공고를 확인하고 신청·진행하게 되었습니다. 저희가 전산화에 관련된 요구가 많이 있었는데 그러한 부분을 만족시켜줄 수 있을 것 같아서 진행하게 됐습니다. 한국표준협회와 한국수력원자력에서의 상생 프로그램으로 업체를 지원하는 프로그램이다 보니 좋은 기회였습니다."

이들은 중소벤처기업부에서 진행한 '대·중·소 상생형 스마트 공장 지원사업'을 통해 지능화 공장으로 첫발을 내디뎠다. 산업 특성을 고려해 가장 먼저 MES 시스템을 도입했다. 이 시스템을 도입으로 제품 생산 과정 전반에 전산화가 이루어지며 생산관리가 한결 쉬워졌다고 한다.

이윤지 / 고무 부품 생산업체 생산부 사원

"MES를 도입하기 전에는 발주가 들어오면 거기에 맞춰서 재고가 없으면 생산하기 위해 엑셀 파일을 만든 후에 수기로 작성하고 현장에 있는 직원들에게 배부했습니다. 그런데 MES가 도입하면서 수기로 작성한 종이를 배부받는 건 없어진 거죠. 클릭만 하면 데이터를 넣어주고 현장에서 바로 확인할 수 있게 되었습니다. 되게 스마트한 시대로 들어간 것 같은 느낌입니다."

똑똑해진 공장으로의 변화는 생산라인에서 뚜렷이 나타난다. 이들의 목표는 고기능성 고무 소재 배합기술을 바탕으로 내구성이 뛰어난 제품을 만드는 것! 여러 단계를 거쳐 진행되는 공정 과정에는 여전히 사람의 힘이 필요하다. 한 단계가 끝날 때마다 패드와 기계를 오가며 작업을 이어간다. 과거 수기로 작성하던 공정 과정 데이터를 패드로 입력하는 것이라고 하는데, 생산 일지 작성의 전산화가 이루어진 것이다. 현장에서 입력한 모든 데이터는 연동된 중앙시스템에서 집계된다. 이 정보를 바탕으로 불량 개선이 가능해짐과 동시에 새로운 기술 개발에 대한 백데이터를 얻을 수도 있다. 그뿐만 아니라 공정 과정 정보가 담긴 고유 시리얼을 부여해 제품 이력 관리와 품질 유지관리를 할 수 있게 됐다. 실제로 MES 시스템 도입 후 공정 불량 감소율은 30%에서 15%를 기록했으며, 도입 전년 대비 한 해 매출액은 84%가량 증가한 효과를 얻었다고 한다.

박경원 / 고무 부품 생산업체 연구소 소장

"생산공정에서 저희가 생산 주요 요소로 봐야 하는 공정의 경우는, 공정을 세분화시켜서 거기에서 나오는 신호 데이터들 그리고 산출

된 결과물의 양불 판단 결과 그리고 불량일 경우에는 불량의 유형을 나누어서 그 기록을 별도로 취득 관리하는 구조로 시스템을 조금 바꿨습니다."

우수한 제품을 만들기 위한 노력 그리고 변화에 적극적으로 대응하는 이들의 자세는 회사의 성장세를 불러왔다. 현재에 안주하지 않는다면 분명 진화의 방법은 있다. 이들은 이미 그것을 경험했기에 더 이상 변화가 두렵지 않다. 기술력과 의식의 전환이 하나 될 때, 우리 제조업의 기반이 더욱 튼튼해진다는 사실을 확인할 수 있었기 때문이다.

박경원 / 고무 부품 생산업체 연구소 소장

"스마트 팩토리라는 것은 중소기업에서 생각했을 때 '대기업 그리고 큰 규모의 작은 투자, 설비투자 이러한 것들이 진행돼야지만 된다'라고 생각을 많이 하고 있습니다. 또 다른 한편에서는, '이미 나와 있는 솔루션 프로그램을 적용하는 거잖아? 우리 회사에서 도입해도 활용 얼마 못 해'라고 생각합니다. 그러한 부분은 회사 상황에 맞춰서 구축하게 된다면 그 데이터와 상황 기반으로 해서 좀 더 넓은, 더 첨단의 시스템으로 확장할 수 있는 어떤 기반의 아주 좋은 초석이 되지 않을까. 저는 그렇게 생각합니다."

예측할 수 없는 미래 사용설명서

정부 지원사업과 노력

정부는 스마트 공장 확산을 통해 중소·중견기업의 경쟁력을 확보함과 동시에 4차 산업혁명에 대응해 나가고 있다. 제조업은 곧 대한민국의 근간이 되는 산업이기에 디지털 전환에 더욱 힘을 쏟고 있다.

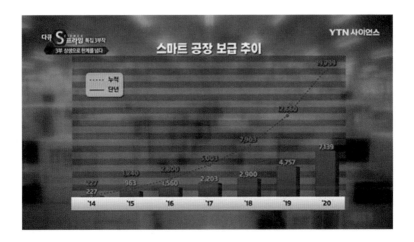

중소벤처기업부 발표에 따르면 2020년 7,139개의 스마트 공장이 보급됐으며 누적 수치는 약 2만 개에 달한다. 당초 목표치를 초과 달성한 것이다. 대기업과 중소기업이 자발적으로 스마트 공장을 구축하면, 정부가 후원하는 '대·중·소 상생형 스마트 공장 지원사업' 등의 성과가 결실을 맺은 것이다.

"정부의 스마트 팩토리 보급사업 목적은 정부 지원을 통해서 성공 사례를 만들고 이를 민간으로 보급·확산하는 데 있다고 봅니다. 이런 측면에서 본다면 정부의 역할은 일종의 시장의 마중물 역할을 한다고 보고 있습니다. 2021년도 스마트 공장이 안정적으로 잘 보급될 거라고 판단이 되며, 이에 따라서 2022년도 목표뿐만 아니라 여러 가지 공정 개선이나 경제 개선 등 국가 경제에 많이 기여할 거라고 확신합니다."

- **스마트 공장 구축 및 고도화 지원**
  - 민·관 협력으로 6,000개 이상 스마트 팩토리 보급
  - 스마트화 수준에 따라 지원 금액 차등 지급
  - 사업비용: 4,002억 원
  - 지원조건: 스마트 공장 신규 구축 및 고도화를 원하는 중소·중견 제조 기업

- **스마트 마이스터 지원**
  - 제조혁신 공장 전문가를 파견해 컨설팅 진행
  - 사업비용: 70억
  - 지원조건: 스마트 공장 구축 또는 구축 예정인 중소·중견 제조기업

- **스마트 공장 사후 관리 지원**
  - 스마트 공장의 고장·결함, 솔루션 업그레이드와 핵심 부품 교체 등 AS 비용 50% 지원
  - 지원 대상: 스마트 공장 구축 후 1년 이상 된 소기업
  - 사업비용: 44억

*2021년 방영 기준

올해 역시 정부는 다양한 지원사업을 통해 스마트 제조혁신을 이뤄 갈 예정이다. 그동안 스마트 팩토리 보급 성과를 바탕으로 양적 보급이 아닌 질적 고도화 전환을 중심으로 사업을 개편했다.

염정수 / 중소벤처기업부 스마트제조혁신기획단 사무관

"스마트 공장 전환 사업 즉, 지원사업 같은 경우에는 다양한 사업들 이 있습니다. 그러므로 기업들이 본인의 기업 공정이라든지 업종, 기술 수준에 따라서 적합한 지원사업을 선택하는 것이 제일 중요하 다고 판단됩니다. '중소벤처기업부' 홈페이지 또는 스마트 공장을 전담으로 보급하는 공공기관인 '스마트 제조혁신 추진단' 홈페이지 를 통해서 확인하실 수 있습니다."

디지털 전환의 가속화를 위한 정부의 노력은 다방면으로 이어지고 있다. 디지털 사회에 도달하기 위해선 관련 기술을 확보하고 활용하는 것이 무엇보다 중요하다. 전 세계 4억 5,000만 건의 특허를 분석해 국 내 연구개발 전략 수립에 도움을 주는 '국가 특허 빅데이터 센터'는 산 업·기술별 핵심 정보를 생산해 디지털 전환 기술 확보에 도움을 주고 있다.

박정환 / 한국특허전략개발원 국가 특허 빅데이터 센터 센터장

"전 세계 특허 동향을 분석한다고 하면 전 세계의 R&D 투자 동향

을 파악할 수 있습니다. 여기에 대해서 한국을 중심으로 해서 해외 국가와 해외 기업 간의 상호 비교한다면, 순수 한국 입장에서 한국이 우위를 가진 기술인지 열의를 가지고 있는 기술인지까지 뽑을 수 있게 됩니다. 그러면 순수 한국 중심으로 해서 한국이 어떤 기술을 R&D 투자해야 우리가 그 기술을 선점할 수 있는지까지도 나올 수가 있을 겁니다. 이걸 가지고 우리가 R&D 투자 전략, 정책까지 제안하고 있습니다."

'특허 빅데이터 분석'은 곧 현재 유망 기술이 무엇이며 어떤 기술을 확보해야 관련 산업을 선도할 수 있느냐의 기준이 된다. 2021년, 이들이 집중하고 있는 분야에는 AI가 존재한다. AI는 디지털 전환의 핵심 기술이다. 만약 AI 특허 분석을 기반으로 산업 전략을 마련해 공공에 제공한다면, 인공지능 분야 사업의 경쟁력을 확보할 수 있을 것이다. 이로써 해외시장으로의 도약도 기대해 볼 수 있다.

염정수 / 중소벤처기업부 스마트제조혁신기획단 사무관

"데이터를 모으고 그다음에 데이터를 변환시키고, 데이터를 활용하는 시스템을 우리가 더 고도화하는 노력이 많이 필요하다고 생각됩니다. 그래서 정부뿐만 아니라 민간에서 우리가 전체적으로 그런 노력을 많이 경주해야 할 것 같습니다. 그리고 그러한 노력을 들인다면 우리나라가 현재 4~5위 정도의 제조 경쟁력을 가지고 있는데,

　　　　　　　　　　　　　　예측할 수 없는 미래 사용설명서

더 높아질 가능성이 충분히 있다고 저는 생각합니다."

서울 염창동에 위치한 한 스마트 팩토리 플랫폼 개발 회사에는, 저마다 업무에 한창인 이들이 하나의 목표를 이루기 위해 힘을 모으고 있다. 바로 ERP(Enterprise Resource Planning) 시스템을 개발하는 것이다. ERP란, 생산, 물류, 재무 등 경영 활동 프로세스들을 통합적으로 연계해 관리해 주는 전사적 자원관리 시스템이다. 통합데이터를 활용해 효율적인 회사 운영을 가능케 하는 스마트 팩토리 솔루션 중 하나다.

정한중 / 스마트 팩토리 플랫폼 개발업체 대외협력실 실장

"전반적으로 흘러가는 기업의 자원에 대해서 실시간으로 경영진과 담당자, 외부에 있는 영업 담당자도 파악할 수 있어야 합니다. 때문에 ERP 시스템이라는 게, 모바일로도 있을 수 있어야 하고 PC 상에서도 이루어질 수 있어야 한다고 판단하고 있습니다. 그래서 인사, 급여, 회계뿐만 아니라 물류의 흐름까지도 실시간 파악돼야 하므로 스마트 공장을 통해서 구축해야 할 내용이라고 보실 수 있습니다."

한국은 명실상부 IT 강국이다. 하지만 그 생태계는 하드웨어 중심으로 이루어져 있어 디지털 전환 초기, 국산 플랫폼을 만나보기란 쉬운 일이 아니었다. 더욱이 스마트 공장 플랫폼은 대기업 위주로 적용하다 보니 중소기업에 적합한 플랫폼이 필요했다. 이곳에선 중소기업에도

적용 가능한 맞춤형 ERP 시스템 개발에 힘을 싣고 있다. 각 부서에서 업무에 필요한 내용을 입력해 데이터베이스화할 수 있게 하며 이를 통합하여 경영분석 모델을 제공하는 등 똑똑한 효율적인 회사 운영을 도와준다.

김재호 / 스마트 팩토리 플랫폼 개발업체 고객지원팀 부장

"가장 중요한 부분은 아무래도 데이터의 정확성 그리고 확장성이라고 볼 수 있습니다. 가령 대부분 고객사에서 가장 ERP를 하려고 하는 목적 중 하나가 '수불 관리'와 '원가'에 대한 부분입니다. 그 때문에 시스템에서 물류에 있는 재고 금액과 회계 계정 과목에 원재룟값이 동일하게 나오는 것을 가장 중요하게 생각합니다. 다음으로 확장성인데, 요즘 고객사에 가보면 ERP뿐만 아니라 다른 솔루션도 많이 사용하고 있습니다. 그런 솔루션과 ERP의 통합적인 부분이 가장 중요한 기술이라고 볼 수 있습니다."

ERP 시스템 구축은 디지털 전환의 하나로 정부에서도 지원을 아끼지 않는 분야다. 이들은 ERP를 전문으로 하는 만큼 5년 전부터 '스마트 공장 전환 지원사업'에 꾸준히 동참하며 중소기업의 조력자가 되어주고 있다. 2021년 지원사업의 경우, 2020년과 비교해 많은 것이 바뀌었기 때문에 워크숍을 진행하며 지원 전략을 재정비하는 등 중소기업에 도움을 주기 위해 노력하고 있다. 단순히 기업의 생산성을 높여주는

예측할 수 없는 미래 사용설명서

것을 넘어 지능화 공장의 척도가 되어주는 ERP 시스템. 따라서 ERP 시스템은 국내 산업의 디지털 전환을 이루기 위해 또 IT 하드웨어 강국에서 소프트웨어 강국으로 도약하기 위해 우리가 관심을 가져야 할 대상임이 분명하다. 국내외 산업체의 지능화를 도우며 한국의 기술력을 알리고 있는 이들. 민간에서 일고 있는 기분 좋은 변화의 바람이 디지털 사회로 향해가는 운항에 큰 힘이 되어줄 것이다.

김재호 / 스마트 팩토리 플랫폼 개발업체 고객지원팀 부장

"기업에 있는 임원이나 리더들이 생각하는 변화. 인식변화가 필요하다고 생각합니다. 왜냐하면, 디지털 전환을 하는 것도 결국에는 사람이 하는 겁니다. 그래서 직원들이 왜 디지털 전환을 해야 하는지에 대한 변화 교육을 먼저 한 이후에 시스템을 구축해야지 그 시스템에 대한 효과를 얻을 수 있을 것 같습니다."

우리는 「2장, 디지털 트랜스포메이션」을 통해 변혁을 이룬 21세기 현재의 모습을 확인했다. 코로나19는 디지털 사회를 향한 방아쇠를 당겼고 쏟아져 나오는 비대면 기술은 자연스럽게 아날로그를 대체해 나가고 있다. 이뿐만이 아니다. 유통에서부터 금융, 제조업까지 분야를 망라하고 일어난 혁신에 디지털 전환은 거스를 수 없는 시대의 흐름이자 생존을 위한 키워드임을 알 수 있었다.

김광석 / 한국경제산업연구원 경제연구실장

"가치 사슬(Value Chain) 자체가 함께 디지털 전환에 성공해야만 경쟁력을 갖춰나갈 수 있다는 생각으로 함께 디지털 전환을 이끌어 나가야 하지 않을까 생각합니다."

배유석 / 한국산업기술대학교 첨단제조혁신원장

"대·중·소 상생과 정부가 같이 협력해서 상생을 이루어 간다면 좋은 사례가 많이 생길 수 있는 토양이 만들어지지 않을까 그렇게 생각합니다."

변화하지 못하면 도태되는 시대. 살아남기 위해선 서로가 서로를 이끌어야 한다.

우리나라에서는 정부를 필두로 사회 전 분야에서 상생이 이어지고 있다. 덕분에 더 나은 미래, 세계의 디지털 전환을 선도하는 대한민국을 기대할 수 있게 됐다. 그 시기를 앞당기기 위해 꼭 해야 할 것이다. 정부는 디지털 전환 생태계가 온전히 정착할 때까지 지속적으로 지원하며 변화를 선도해야 한다. 산학연(한국산학연협회)은 관련 기술을 연구·개발하고 공유하며 함께 성장해 나가야 할 것이다. 이 모든 것이 완벽히 하모니를 이룰 때, 우리가 도달하려는 그곳 '디지털 사회'로 갈 수 있을 것이다.

3장

디지털 뉴딜
(Digital New Deal)

스마트 사회로 가다

세계 1위 경제 대국인 미국이 오늘날 그 위상을 더욱 굳건히 할 수 있었던 건 '이것'이 있었기 때문일지 모른다. 경제 대공황 극복을 위해 미국 제32대 대통령 F.D.루스벨트가 추진한 미국의 경제 부흥 정책 "뉴딜(New Deal)"이다. 이제는 정부가 침체된 경제를 살리기 위해 각 산업에 투자하고, 이를 통해 일자리 창출이 이루어지는 정책의 대명사로 활용되고 있다.

이경전 / 경희대학교 경영학과 교수

"뉴딜이라는 것은 일단 민간이 하지 않고 정부가 하는 투자를 의미하는 것입니다."

김동욱 / 서울대학교 행정대학원 행정학과 교수

"정부의 대규모 지정 투자 그리고 그런 투자 사업을 통해서 일자

예측할 수 없는 미래 사용설명서

리를 창출하는 것입니다. 사회적 계약관계 이런 것들을 전제로 하고…."

이상국 / 과학기술정보통신부 디지털 뉴딜지원팀 팀장

"경제회복 전략에서 아이디어를 얻어서 한국만의 코로나19 위기를 극복하기 위한 국가혁신전략을 만들었습니다. 국가 혁신 프로젝트가 바로 '디지털 뉴딜'이 되겠습니다."

세계 경제 대공황 이후 90여 년이 지난 지금, 전 세계는 코로나19로 인해 경제 대공황 그 이상의 위기에 놓여있다. 이 혼란의 시대 속에서 우리는 뉴딜을 거울삼아 경기회복을 위한 국가 프로젝트에 돌입했다. 한국을 넘어 글로벌 경제를 선도하기 위한 국가 혁신 전략 그 중심엔 우리를 안전하고 편리한 세상으로 데려다줄 '디지털 뉴딜'이 존재한다.

한국판 뉴딜

2020년 7월 14일 새로운 대한민국을 이끌어갈 한국판 뉴딜 종합 계획이 발표됐다. 코로나19가 불러온 경제 불황을 해소하고 포스트 코로나 시대를 준비하고자 하는 정부의 미래 설계가 세상에 모습을 드러냈다. 이로써 산업과 국민 생활 전반에 대 전환이 예고됐다.

김동욱 / 서울대학교 행정대학원 행정학과 교수

"한국판 뉴딜은 기획재정부나 범정부 차원에서 다양한 추진체계나 기제를 가지고 진행하고 있습니다. 그 기획 단계를 보시면 지난 20년 3월에 문재인 대통령께서 디지털 뉴딜을 언급하셨고, 그 이후에 '그린 뉴딜(Green New Deal, 저탄소 경제·사회로 전환하기 위한 정책)'이라는 또 다른 축이 추가됐습니다. 첫 버전의 '한국판 뉴딜'은 안전망 강화라는 3개의 축으로 출발했다가 최근에 지역 균형 뉴딜이라는 게 추가됐습니다. 어떻게 보면 진화되고 있다고 볼 수 있는데, 계속 진화하고 세분화와 구체화되는 단계니까 그 과정에서 사업의 조기 성과를 내기 위해 참여자 폭을 넓혀 참여자 목소리를 충분히 담는 진화 개념으로 한국판 뉴딜을 이해하는 게 어떻게 보면 성공의 첩경이라고 생각합니다."

한국판 뉴딜 이해

예측할 수 없는 미래 사용설명서

경기회복을 위한 국가 프로젝트 "한국판 뉴딜"은, '안전망 강화'라고 하는 튼튼한 디딤돌이 '디지털 뉴딜'과 '그린 뉴딜' 두 축을 바치고 있으며 2025년까지 총사업비 160조 원을 투자해 190만 개의 일자리를 창출하려 한다. 먼저 "그린 뉴딜(Green New Deal)"을 살펴보면, 기후 위기에 처해 있는 현대 사회는 인간과 자연이 공존하는 미래를 구현하기 위해 '탄소 중립'을 향해가고 있다. 그린 뉴딜에는 신재생에너지 확산 기반을 다지고, 전기차·수소차와 같은 그린 모빌리티 기술을 확보하고자 하는 저탄소 경제 구조로 전환하며 고용과 투자를 늘리는 정책 내용이 담겨있다. 우리 사회 전반에 친환경 인프라를 구축해 녹색 전환을 이루려는 것이다.

다음은 "디지털 뉴딜(Digital New Deal)"을 살펴보자. 한국은 정보통신 기술 분야의 가장 선두에 서 있는 나라이다. 디지털 뉴딜의 핵심은 전 산업 분야에 한국이 가진 우수한 ICT 기술을 접목해 데이터 경제를 꽃피우는 것이다. 우리는 디지털 역량이 국가 경쟁력을 좌우하는 4차 산업혁명 시대, 아울러 코로나19가 불러온 뉴노멀 시대로 전에 없던 변혁을 맞이했다. 인공지능, 빅데이터 등 디지털 역량을 더욱 강화해 산업 전 분야에 결합한다면 경제회복은 물론, 추격형 경제에서 선도형 경제로 거듭날 수 있다. 현재를 위해 또 미래를 위해 디지털 뉴딜에 주목하는 이유가 여기에 있는 것이다.

권호열 / 정보통신정책연구원장

"디지털 뉴딜은 어마어마한 변화가 일어납니다. 거의 혁명이라고 해도 과언이 아닙니다. 그런데 이 혁명의 끝에는 이 세계의 주도권을 누가 갖느냐에 달려있습니다. 그 관점에서 우리 대한민국이 새로운 시대를 열어가는 역할을 어떻게 할 것이냐, 새로운 시대가 단순한 기술의 혁명만이 아닌 인간성이나 포용성 등 온 사회가 같이 갈 수 있는 새로운 혁명을 어떻게 만들 수 있는 것인가에 달려있다고 생각합니다.”

이상국 / 과학기술정보통신부 디지털 뉴딜지원팀 팀장

“아시다시피 우리나라가 디지털 정부도 세계에서 1위이고 디지털 인프라도 세계에서 가장 좋은 최고 수준에 이르는 상황입니다. 그래서 이러한 우리의 장점을 최대한 활용한다면 앞으로도 전 세계에서 우리나라의 경쟁력을 확보해나갈 수 있을 것이란 생각을 하고 있습니다.”

디지털 뉴딜은 비대면 산업 육성과 디지털 국가로의 전환을 주 골조로 한다. 목표는 일자리 창출 그리고 지역 균형 발전에 큰 파급력을 불러올 사업 분야에 투자함으로써 디지털 경제를 선도하는 것이다. 그 성공의 열쇠를 쥐고 있는 것이 바로 ‘데이터 댐’ 구축이다.

‘데이터 댐’은 물을 가두듯 데이터를 모아 필요한 곳에 사용하는 개념이다. 5G 고속도로를 타고 흐르던 데이터가 인공지능 분석과 만나 우리 생활 전반에 필요한 데이터로 가공되면 이를 다양한 곳에서 활용

　　　　　　　　　　　　　　예측할 수 없는 미래 사용설명서

데이터 댐 개념 이해

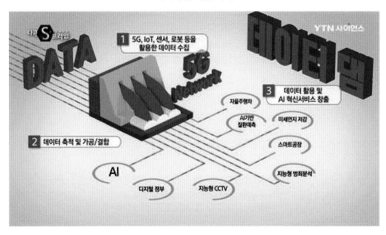

한다. 그 일련의 과정들은 사람의 손길을 필요로 하기 때문에 데이터
댐의 구축으로 수많은 일자리 창출이 이루어짐과 동시에 사회 전반에
혁신을 일으킬 수 있다.

그렇다면 데이터 댐 구축 아이디어는 어디에서부터 시작된 걸까? 한
국판 뉴딜의 모티브가 된 미국의 뉴딜 정책에는 '후버댐' 건설이 있었
다. 약 5년에 이르는 공사 동안 2만 명 이상의 노동자에게 일자리를 제
공했다. 대규모의 토목공사가 끝난 후엔 댐에 모인 물이 식수로, 공업
용수로 활용되며 남서부 지역의 산업 부흥을 일으켰다. 디지털 뉴딜의
핵심 '데이터 댐'은 후버댐의 디지털 버전이라 할 수 있다.

이경전 / 경희대학교 경영학과 교수

"데이터란 무한 반복 사용될 수 있는 특징을 가지기 때문에 정말 멋진 데이터를 하나 잘 만들어낸다면 수많은 사람이 활용할 수 있습니다. 그래서 데이터 뉴딜도 물론 필요합니다. 하지만 더 중요한 건 어떻게 보면 인공지능 뉴딜이 필요한 거죠. 인공지능 시스템을 만드는 뉴딜을 하다 보면 거기서 데이터가 또 나오기 때문입니다. 어떻게 보면 1단계 효과만을 노리는 뉴딜이 아니라 그것이 공공재로 놓임으로써 파급효과가 큰 뉴딜을 해야 한다고 보고 있습니다."

데이터로 완성하는 디지털 뉴딜, 그 속엔 어떤 내용이 담겨있으며 우리 사회는 어떻게 달라질까? 데이터, 네트워크, AI 즉, 'D·N·A 생태계 강화'로 디지털 정부가 등장하며 한층 똑똑해진 생활을, '교육 인프라

디지털 뉴딜 구분

의 디지털 전환'으로 더욱 업그레이드된 디지털 기반 교육을, 그리고
'비대면 산업 육성'으로 보다 편리한 생활을 누릴 수 있을 것이다. 특히
공공의 이익을 위해 놓인 사회간접자본 'SOC(Social Overhead Capital)
의 디지털화'로 인해 도시 전반에 혁신이 일어나며 우리는 더욱 안전
한 일상을 누릴 수 있게 될 것이다.

권호열 / 정보통신정책연구원장

"사회간접자본은 워낙 사업 덩치가 크고 사업에 대한 비용은 어마
어마하게 들어가는데, 당장 수익은 나지 않은 사업들이 국가에서
하는 SOC(도로, 공항, 상하수도, 공업단지 등 생산 활동과 소비 활동을 직
간접적으로 지원해주는 자본) 사업이 되겠습니다. 이런 SOC의 디지털
적인 기술이 반드시 필요합니다. 현재 산업단지도 여러 시설과 이
용률에 문제가 발생하는데, 디지털 뉴딜에서 지금 상당히 중요하게
생각하고 있는 사업 중 스마트 시티나 교통 문제도 같이 들어가 있
다는 것을 말씀드립니다."

SOC 디지털화 핵심 분야 ①교통

SOC 디지털화 그 내용을 자세히 살펴보자. 먼저 SOC 디지털화 4
대 분야 중 "교통"은 안전하고 효율적인 교통망 구축을 위해 도로, 철
도, 항만 등에 디지털 관리 체계 도입한 것이다. 차량의 흐름을 한눈에

살펴볼 수 있는 한국도로공사 관제센터에서는 효율적인 교통망 구축에 핵심 역할을 담당할 '차세대 지능형 교통시스템'의 모니터링이 이루어지고 있다. '차세대 지능형 교통 시스템'은, 차량 주행 중 운전자에게 도로 주변 상황을 실시간으로 알려주는 시스템을 말한다. 흔히 C-ITS(Cooperative-Intelligent Transport Systems)라고 부른다. 통신을 기반으로 차량과 차량, 차량과 도로 인프라가 서로 정보를 공유하며 안전한 도로망을 구축하는 것이다.

안지성 / 한국도로공사 C-ITS처 차장

"C-ITS 서비스 정보를 제공하고 제공된 서비스를 전달받기 위해서는 크게 두 가지가 필요합니다. 기지국이라고 하는 장비와 운전자 차량에는 'HMI(Human Machine Interface)'라고 불리는 단말기가 필요합니다. 예를 들어 고속도로에서 문제가 발생했을 때 운전자에게 상황을 제공하려면 우선 기지국을 통해서 해당 정보가 차량에 전달되고, 그 차량에서는 단말기를 통해 정보가 수집돼서 운전자에게 표출되는 것입니다. 표출된 정보를 운전자가 육안 또는 청각을 통해 습득하게 됩니다."

정부는 디지털 뉴딜을 통해 고속국도 등 주요 간선도로에 C-ITS를 구축하려고 한다. 2018년부터 진행해 오던 고속도로 C-ITS 실증 사업은 안전하고 똑똑한 도로망 구축을 위한 테스트 베드(Test Bed, 새로운 기술·제품·서비스의 성능 및 효과를 시험할 수 있는 환경 혹은 시스템) 역할을 해내고 있다. C-ITS는 경부고속도로 등 3개의 노선에 85km가량 구축되어 있으며, 관련 기술과 효과에 대한 검증이 이루어지고 있다. 만약 차세대 지능형 교통시스템(C-ITS)이 생활 속으로 들어온다면 우리는 어떤 효과를 누릴 수 있을까?

직접 도로 위를 발려보자. 도로 곳곳에 설치된 노변 기지국은 실시간으로 도로 자료를 수집한다. 각종 센서와 C-ITS 단말기를 탑재한 차량이 노변 기지국 설치 구간에 접어들면 차량 운전자는 도로 상황을 실

노변 기지국에서 수집한 자료를 운전자에게 전달하는 관제실

시간으로 전달받게 된다. 운행 중 또 다른 경고 알림이 뜨는데 전방에 정치 차량이 있다는 것! 정지 차량을 발견하기 전 이를 안내받은 운전자는 차선을 변경하고 주행을 이어간다. 이처럼 C-ITS 시스템은 도로 위 상황은 물론, 날씨 등의 정보를 제공하며 차량의 안전한 운행을 돕는다.

차량이 도로 정보를 전달받을 수 있는 건 관제실 덕분이다. 관제실에서는 노변 기지국으로부터 전달받은 도로 주변 상황 데이터를 분석해 운전자에게 전달한다. 도로와 차량 그리고 차량과 차량 사이를 이어주는 징검다리 역할을 하는 것이다. 덕분에 운전자는 막히는 길을 돌아간다거나 돌발 상황에 미리 대처할 수 있다.

안지성 / 한국도로공사 C-ITS처 차장

"사전에 고객들에게 문제점 발생 정보를 제공하기 때문에 고객들은 긴장하게 됩니다. 정보를 받아서 미리 대응할 수 있기 때문에 운전 시 사고 발생 위험성이 줄어들 수 있습니다. 실증 사업에 대한 효과 분석을 해본 결과, 교통사고를 기존 대비 41%까지 낮출 수 있었고 도로의 통행 흐름을 21%까지 증가시킬 수 있음을 확인했습니다."

전 도로에 C-ITS가 구축된다면 어떨까? 더 많은 관제 인력이 필요한 것은 물론, C-ITS 인프라 구축 관련 산업이 활기를 띠기 시작할 것이다. 게다가 지능을 얻은 도로가 많아진 만큼 도로 안전망이 강화되며 안정적인 차량 운행이 가능해질 것이다. 또 하나, 자율주행 상용화에 도움을 줄 수도 있다고 한다. 차세대 지능형 교통시스템(C-ITS)이 자율주행차 자체 센서만으로 획득하기 어려운 정보를 제공해줘 주행 안정성을 높여줄 수 있기 때문이다. 2027년, 완전 자율주행 상용화 계획이 발표된 만큼 C-ITS는 다가올 미래를 대비하기 위해 확보해야 하는 기술이기도 하다.

SOC 디지털화 핵심 분야 ②디지털 트윈(Digital Twin)

SOC 디지털화 두 번째 분야는 "디지털 트윈(Digital Twin)" 사업이다. 이는 국토, 시설관리를 위해 도로, 지하 공간 등을 실물과 쌍둥이처럼 닮은 가상의 존재를 정밀도로지도로 구축하여 활용 가능케 한다.

경기도 성남시에 자리한 N사는 디지털 트윈 솔루션업체로 도시를 그대로 옮겨놓은 듯한 화면 속 대상에 집중하고 있다. 현실 세계를 복제한 또 하나의 디지털 세상을 만들기 위해 힘을 모으고 있다. 특히 이들이 더욱 관심을 두는 것은 정밀한 도로 정보가 담긴 지도를 제작하는 것이라고 한다. 자율주행을 비롯해 여러 도시 문제를 해결하는 데 필수적이 요소다.

백종윤 / 디지털 트윈 솔루션업체 N사 부문장

"사람들에게 좀 더 몰입감 있는 경험을 주려면 실제 물리 공간을 고스란히 디지털화하는 과정이 반드시 필요하고, 그게 바로 '맵(Map)'을 만드는 과정이라고 할 수 있습니다. 그래서 저희가 만드는 맵을 통해서 다양한 서비스가 가능할 거로 생각합니다. 기존 가상의 환경보다는 실제 물리 공간, 사람 사는 공간에서 다양한 서비스를 받기 위한 기본적인 디지털 트윈이 필요하다고 생각합니다."

디지털 세상에 들어온 현실 세계. 실물과 쌍둥이처럼 닮은 이 존재를 '디지털 트윈'이라고 한다. 차선, 정지선 등 노면 기호에서부터 신호등, 안전 표지판과 같은 도로의 세밀한 정보가 담긴 이 디지털 트윈은 정밀도로지도로 활용할 수 있다. 현재 자신의 위치를 인식하고 주변 환경 파악이 가능한 정밀도로지도는 자율주행을 위한 핵심 데이터가 된다. 디지털 트윈 기반의 정밀 지도는 실제 환경 데이터 수집으로부터 시작된다. 도로 맵핑에 필요한 차를 타고 도로 위를 이동하며 라이다 센서, 카메라 그리고 GPS 센서 등을 활용해 데이터를 획득하는데, 이를 가공하여 도로의 정밀 지도를 제작한다고 한다.

김기성 / 디지털 트윈 솔루션업체 N사 연구원

"라이다 센서라는 것은 주변에 환경 정보를 획득할 때 카메라를 이용하면 이미지로 그 정도를 획득하지만, 이 센서를 이용하면 3차원의 포인트 클라우드 데이터를 획득하게 됩니다. 그렇게 되면 더 정확한 포인트의 위치 정보를 얻을 수 있게 됩니다. 그것을 다시 이미

예측할 수 없는 미래 사용설명서

데이터 수집를 수집하는 자동차 맵핑

지와 결합하여 3차원으로 모델을 만들 수 있습니다."

자율주행은 오래전부터 하나의 숙제처럼 여겨져 온 기술이다. 이들
은 자체 개발한 기술로 HD 맵을 제작하며 자율주행 기술에 도움을 주
고 있다. 도심 단위의 복잡한 도로 데이터를 획득하는 것은 결코 쉽지
않은 일이다. 보다 효율적인 방법으로 더 정밀한 지도를 만들기 위해
차량 맵핑 이외에 또 하나의 방법을 사용한다고 한다.

김진석 / 디지털 트윈 솔루션업체 N사 연구원

"HD 맵은 크게 두 가지 종류의 방식으로 데이터를 취득하게 됩니
다. 한 가지는 '항공기'이고 다른 한 가지는 'MMS(모바일 매핑 시스
템)'입니다. 높은 고도에서 항공사진을 촬영하고 여러 방향에서 찍

은 사진을 활용해서 고정밀 3D 데이터를 만들게 됩니다. 그중에 자율주행을 위해 필요한 거시적인 도로 정보를 빠르고 신속하게 추출합니다. 신호등이나 표지판 같은 수직 구조물 또는 실제 도로의 세밀한 상황은 MMS에서 취득한 다양한 데이터를 활용해서 이미 만들어진 3D 고정밀 데이터와 유기적으로 결합하여 최종적으로 정확한 HD 맵이 완성됩니다."

항공 촬영은 차량 맵핑과 함께 사용되는 지도 제작 방식이다. 고도 1.5km 높이에서 도심 단위의 대규모 지역을 촬영하며 차량으로 획득하기 힘든 도시 전체의 모습을 3차원으로 균형감 있게 담아낸다. 두 가지 방법으로 도시 데이터를 확보한 후엔 3D 모델과 로드 레이아웃, 포인트 클라우드 데이터를 결합하며 본격적인 HD 맵 구축 작업이 시작된다.

데이터 추출 과정에서는 딥러닝 기반의 영상인식 기술을 접목해 차선, 노면 표시 등 도로 정보를 보다 정확하게 획득한다. 그간 쌓아온 노하우를 바탕으로 지자체 그리고 정부 기관과 협업해 지도를 제작하며 공공의 이익을 창출하기 위해 노력해온 이들. 디지털 트윈을 활용한 정밀도로지도 구축 계획이 발표되며 HD 맵 지도 개발에 더욱 탄력이 붙었다. 앞으로 해양산업 HD 맵 지도 기술을 접목할 예정이라고 한다. 민간에서 이루어지는 기술 개발로 디지털 경제 선순환이 이루어짐이 확인됐다.

이상국 / 한국기술정보통신부 디지털 뉴딜지원팀 팀장

"디지털 뉴딜은 대부분이 정부가 주도한 사업이라고 보시면 될 것 같습니다. 정부가 주도하지만 여기에 많은 기업이 참여하고 있습니다. 과학기술정보통신부도 지난 2020년 반년 동안 뉴딜 사업을 함에 있어서 전국 12,000여 개 중소기업, 대기업, 여러 연구기관이 참여했습니다. 참여 기업들이 여러 사업을 하면서 새로운 사업도 하게 되고 기존에 해보지 못했던 데이터나 인공지능을 활용하여 비즈니스 모델을 만들기도 합니다. 그런 경험들이 활성화하는 데 도움을 주는 상황이라고 보시면 되겠습니다."

SOC 디지털화 핵심 분야 ③재난 대응

SOC 디지털화 분야 세 번째는 "재난 대응" 사업이다. 재난 대응 사업은 재해 고위험지역에 실시간 재난 감지 시스템을 설치하고, 효율적으로 활용하기 위한 통합관리 시스템을 구축한다. 이번에는 충청북도 단양군으로 가보자. 보는 것만으로 아찔함이 느껴지는 가파른 비탈면에 안전장치가 설치돼 있지만 관리가 필요해 보이는 모습이다. 이 비탈면은 조금 특별한 모니터링이 이루어지고 있다.

한국건설기술연구원 박병석 연구원은 IoT 기술을 접목해 이 비탈면을 관리하고 있다. 봄철 해빙기를 맞아 낙석이 잦아지는 지금, 비탈면 관리 시스템 모니터링을 위해 시범사업소 현장을 찾았다.

IoT 시스템이 장착된 비탈면

박병석 / 한국건설기술연구원 도로관리통합센터 수석연구원

"국도 같은 경우 낙석 및 산사태 사고의 위험성이 큽니다. 특히 암반 비탈면 같은 경우는 낙석 문제가 많이 발생합니다. 이런 비탈면과 같은 SOC 시설물의 경우에는 국가에서 지원해 주고 국민의 안전을 위해서 예산이 쓰여야지만 새로운 기술 개발 등이 새롭게 업데이트될 수 있습니다. 그래서 뉴딜 사업과 같은 것이 필요하다고 생각합니다."

운전을 하다 보면 흔히 마주하는 비탈면. 도로를 내기 위해 산을 깎아내는 것은 피할 수 없는 선택이었지만, 비탈면으로 인한 낙석 및 산사태의 위험이 늘 도사리고 있다. 이는 교통사고로 이어져 인명피해를 내기도 하는 만큼 낙석을 예측하고 이를 예방하기 위한 특별 관리가 필요하다.

비탈면 IoT 시스템은 각종 센서를 활용해 상시 계측이 이루어진다. 더욱 효율적인 모니터링을 위해 센서 설치와 관리 노하우를 가진 민간 기업과 협업을 진행하고 있다. 특히 석회암 지대인 비탈면은 물리적 풍화가 심해 정밀한 모니터링이 필요한 상황이다. 암반 지대에 낙석이 발생하면 파열음이 난다는 점을 활용해 파열음의 측정이 가능한 AE(지반 변위 소리 감지) 센서를 적용했다. 암석의 물리적 움직임을 측정하는 센서인 '지표변위계'로는 상시 계측을 진행한다.

AE 센서와 지표변위계

백승환 / 토목계측업체 이사

"지표변위계는 낙석이나 사면의 변위를 측정하기 위한 목적으로 설치된 계측기입니다. 와이어가 늘어나는 만큼에 대해서 변위를 측정하고 통신을 통해 데이터 취득 장치로 데이터를 보내게 됩니다. 그래서 관리 기준 상한치와 하한치를 정해놓고 그 일정의 기준을 넘었을 때는 SNS라든지 모니터링을 통해 우리가 위험신호를 알 수 있게 하는 계측기입니다."

기다란 막대 위 자리한 센서는 GPS로 위성 신호를 받아 좌푯값을 상시 측정하고 좌표의 위칫값이 변하면 이를 알려주도록 설계돼 있다. 각 센서가 전해주는 데이터는 어떻게 활용될까? 센서를 통해 확보한 데이터베이스는 모니터링 통합 시스템에서 분석·관리된다. 웹 기반으로 모니터링이 이루어지기 때문에 언제 어디서든 낙석 여부를 확인할 수 있다. 측정 기준치 이상의 변위가 발생하면 관리자에게 문자메시지를 전송해 낙석 사고에 대비할 수 있도록 한다.

우용훈 / 한국건설기술연구원 도로관리통합센터 전임연구원

"본 현장에 대해서는 상하 20mm의 변위를 기준치로 설정해두었습니다. 테스트를 위해 인위적으로 늘려보았을 때, 지금은 55mm의 변위가 발생했는데 알람이 뜨고 문자로 실시간 전송되는지도 함께 체크했습니다. 지금은 테스트 단계이기도 하고 실증 단계여서 점검

예측할 수 없는 미래 사용설명서

을 한 다음, 어느 정도의 신빙성을 띠게 되면 국민 안전 서비스로 제공하거나 문자 알림도 할 예정입니다."

현재 전국 10개 시범사업소에서 비탈면 IoT 상시 모니터링이 이루어지고 있다. 앞으로 시범 사업을 통해 모니터링의 정확도를 높이고, 각 지역에 적합한 시스템을 연구하면 2025년까지 비탈면 모니터링 사업소를 500개소까지 확대할 계획이라고 한다. 이를 통해 신산업 창출 효과를 누림과 동시에 도로 위 국민의 안전이 한층 강화될 것이다.

박병석 / 한국건설기술연구원 도로관리통합센터 수석연구원

"저희가 2021년에는 혼합 비탈면과 암반 비탈면에 시스템을 구축했습니다. 토사 비탈면처럼 제방과 같은 쪽에도 문제가 많이 발생하고 있습니다. 이런 것까지 고려해서 국민의 안전을 위해 더 노력하고 더 열심히 연구해서 국민이 조금 더 안전할 수 있도록 이바지하겠습니다."

SOC 디지털화 핵심 분야 ④스마트 시티(Smart City)

SOC 디지털 4대 분야 마지막은 "스마트 시티(Smart City)"다. 스마트 시티는 안전하고 편리한 국민 생활을 위해 통합 플랫폼을 연계·구축하고 스마트 시티 솔루션 확신 및 시범도시를 조성하는 사업이다. 스

마트 시티 시범을 운영 중인 곳을 살펴보며 현재 어떤 스마트한 솔루션들이 진행되고 있는지 확인해보자.

① 지능형 CCTV

서울 행당동에 자리한 성동구청을 찾아가 보았다. 이곳엔 디지털의 힘을 빌려 시민의 안전과 편의를 책임지는 스마트 플랫폼이 있다. 도시 곳곳의 모습을 보여주는 사진(195p)에 힌트가 담겨있다.

도시를 감시하는 수천 개의 눈, 바로 '지능형 CCTV'이다. 단순 모니터링에 그치지 않고 상황을 분석해 알려주는 똑똑함을 지녔다.

장 호 / 성동구청 정보통신과 주무관

"지능형 선별관제시스템이란, 인공지능 기술을 활용하여 CCTV 영상을 실시간으로 분석하고 관제사들에게 유효한 영상들을 선별해 보여줄 수 있도록 하는 시스템입니다. 기존 방범용 CCTV 모니터링은 CCTV 영상을 순차적으로 보여줬습니다. 성동구에서는 CCTV를 총 3,000대를 운영하고 있습니다. 하지만 그 3,000대의 영상을 보기 위해서는 약 10간의 시간이 필요했습니다. 현재는 지능형 선별관제시스템을 도입함으로써 3,000대 중에서 꼭 필요한 영상만을 보여줄 수 있도록 개발되었습니다."

도시는 하루에도 수없이 많은 사건·사고가 일어난다. CCTV는 사람

의 시선이 닿지 않는 도시 사각지대를 감시하며 범죄, 자연재해 등의 예방을 돕는다. 하지만 그 많은 CCTV 영상을 일일이 모니터링하기란 쉽지 않다. 이때 도움을 줄 수 있는 것이 바로 '지능형 선별관제시스템' 이다.

한 가지 예를 들어보도록 하자. 봉투를 들고 길을 걷던 한 사람이 주변 눈치를 살피더니 이내 쓰레기를 무단투기한다. 같은 시각, 실시간 모니터링이 이루어지는 통합운영센터에서 이 상황이 포착된다. 쓰레기 무단투기 발생 지역에 대한 집중 모니터링이 이루어지는 시스템 덕분에 관제사는 이를 재빨리 인지하고 즉시 안내 방송을 시작한다. "성동구청 통합운영센터입니다. 이곳은 쓰레기 무단투기 금지구역입니다. 가지고 오신 쓰레기는 회수해 가시기 바랍니다." 통합운영센터에서 이루어진 안내 방송이 투기 현장에 흘러나오면 쓰레기를 다시 회수해 간다. 이렇듯 지능형 선별관제시스템은 범죄 징후로 예상되는 움직임이 나타날 때 이를 우선 알려주고 대처할 수 있도록 한다. CCTV에 행위 인식이 가능한 인공지능 기술이 적용된 덕분이다. 이를 기반으로 운영되는 관제실에서는 범죄 예방 이외에 재난, 교통 등 도시 문제 전반에 대한 통합 모니터링과 대응이 가능하다. 이것이 바로 스마트 시티에 없어서는 안 될 필수 플랫폼이다.

권종원 / 성동구청 정보통신과 주무관

"성동구에서 생각하는 4대 주민 불편 사항이 있습니다. 예를 들면 흡연이라든가 무단투기, 소방차 통행 방해, 자전거 보관대 등입니다. 이런 부분들은 집중 모니터링하고 그곳에 어떤 행위가 일어나게 되면 저희가 여기서 방송도 하고 결과도 입력합니다. 야간의 경우에는 범죄 예방이라든지 여성안심귀갓길, 무단 횡단 등이 있습니다. 저희가 상황을 보고 특이사항이 없다 싶으면 경과를 입력하지 않지만, 특이사항이 발생하게 되면 경우에 따라서 112에 신고한다거나 경찰을 출동시키는 일까지도 저희가 맡아서 하고 있습니다."

정보통신기술을 활용해 교통·환경·주거 등 각종 문제를 해결해 시민들에게 편리하고 쾌적한 일상을 제공하는 똑똑한 도시, 스마트 시티. 그 도시로 한 걸음 더 다가가기 위해서는 도시의 모든 것이 연결돼 서로 소통하고 이를 통합 관리할 수 있어야 한다.

최근 성동구에서는 사물인터넷 버스정류장을 운영하고 있는데, 범죄대피소 역할을 겸한 실내정류장에도 지능형 선별관제시스템이 적용되어 있다. 코로나19에 대비해 열화상 카메라를 설치하고 실시간으로 발열자를 확인하는가 하면, 마스크 미착용자에 대한 경고 방송을 시행하기도 한다. 디지털 뉴딜을 통해 이러한 스마트 솔루션 플랫폼을 전국으로 확산시켜 나간다고 하니, 스마트한 미래를 기대해 봐도 좋을 것 같다.

장 호 / 성동구청 정보통신과 주무관

"선별관제시스템을 도입함으로써 사건 사고에 대해서 미리 선제적으로 화면에 표출해주고 있기 때문에 표출된 장면에 대해서는 저희가 책임지고 해결할 수 있어야 합니다. 그런 것들이 저희 시스템의 강점이라고 볼 수 있습니다. 지금 이런 화면들이 계속해서 학습이 진행되고 있고 계속 운영됨으로써 정확도는 더 높아질 것입니다. 주민 생활 측면에서도 어떤 장소에서 흡연이나 무단투기가 많이 발생한다는 문제들이 이 시스템을 운영하면서 데이터화되고 있습니다. 이를 통해 직접 현장에 나가서 개도한다든지 더 강한 집중 모니터링을 하는 등 선별관제시스템 운영으로 향후 정책적인 방향도 나올 수 있을 거란 생각이 듭니다."

② 스마트 워터 시티(Smart Water City)

또 다른 스마트 시티 사업이 진행되고 있는 세종시 종촌동의 어느 한적한 공원을 찾아가 보자. 이곳에서 음수대를 앞에 두고 대화에 한창인 두 사람을 만날 수 있었다. 이들 옆으로 시선을 사로잡는 전광판 하나. 바로 이곳 음수대의 수질 정보가 담겨있는 '스마트 워터 시티 수질 전광판'이다. 이렇게 수질 정보의 제공이 가능하다는 건 ICT 기반의 똑똑한 물 관리가 이루어지고 있다는 증거다.

최종근 / K-water 충북지역협력단 과장

"음수대의 경우에는 주기적으로 들러서 이물질 제거 등 청소 관리를 진행하고 있고, 3~6개월마다 한 번씩 수질 검사를 통해 탁도나 잔류 염소 등 7가지 항목을 검사하고 있습니다. 전광판에 표시되고 있는 수질은, 현재 고운뜰공원에 있는 세종시 제1 배수지에서 실시간으로 계측한 수질 데이터를 무선통신으로 받아서 전광판에 띄워주고 있습니다."

물을 공급하는 전 과정에 정보통신기술을 도입해 물을 관리하는 도시, 이를 가리켜 스마트 워터 시티(Smart Water City)라고 한다. 실시간 계측 데이터를 기반으로 수량과 수질의 안정성을 확보하고 수요를 예측해 수돗물을 공급하는 등 스마트 물 관리 체계가 구현된 물의 도시다. 세종시 상수도 시설의 모니터링이 이루어지는 상수도 통합 관제센

ICT 기반의 스마트 워터 시티

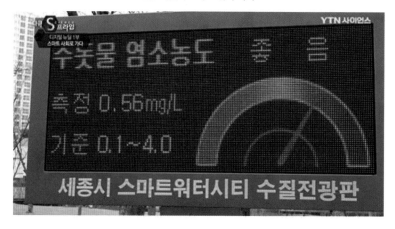

터에서 이를 확인할 수 있다. 세종시는 ICT 기술의 도입으로 스마트 시티의 가능성을 증명하는 일종의 테스트 베드 역할을 하는데, 2017년 '세종특별자치시 스마트 워터 시티 구축 시범사업'을 통해 상수도 통합 관제 시스템을 구축하고, 수돗물 공급 토탈 솔루션 모델을 고도화해 나가고 있다.

이동윤 / 세종특별자치시청 상하수도과 사무관

"우리나라 상수도는 선진국 수준으로 잘 관리되고 있지만, 시민들이 수돗물에 대한 신뢰도와 음용률은 선진국에 비해 매우 낮은 수준입니다. 이에 국가 물 관리 패러다임이 과거의 수량 중심에서 인체에 건강한 수돗물 관리로 전환되고 있습니다. 인체에 건강한 수돗물 공급을 위해 첨단 정보통신기술을 접목한 수돗물 공급 전 과정의 과학적 관리와 수질 정보제공을 통해 언제 어디서나 믿고 마실 수 있는 스마트 물 관리 체계를 구축하게 되었습니다."

스마트한 물 관리, 그 핵심은 실시간 모니터링이다. 이곳 통합관제센터에서는 취수원에서 수도꼭지까지 물이 공급되는 각 과정에 대한 모니터링이 진행된다. 실시간 수질 측정을 통해 수질 이상이 발견되면 자동으로 밸브가 개방되며 오염된 물을 배출해 수돗물의 안전성을 확보한다. 또 수도에 부착된 스마트 미터, 누수 감지 센서에서 얻은 데이터를 기반으로 사용량과 누수 여부 등을 분석해 수량을 효율적으로 관리할 수 있다. 이를 통해 물 데이터는 수질 정보가 필요한 공공시설 혹은 아파트 등으로 전달되고 사용자가 안심하고 수돗물을 이용할 수 있도록 돕는다.

세종특별자치시 통합관제센터 실시간 모니터링

예측할 수 없는 미래 사용설명서

채지석 / K-water 충북지역협력단 팀장

"스마트 워터 시티 구축을 위해서는 크게 수량 관리와 수질 관리 측면에 핵심 기술이 있습니다. '수량 관리'를 위해서는 누수 관리 시스템과 수도 계량기가 있고, '수질 관리'를 위해서는 재염소 설비와 자동드레인 설비가 있습니다. 자동드레인 설비는 수질이 안 좋은 물을 외부로 배출하는 시스템이며, 재염소 설비는 정수장에서 염소 투입량을 줄이고 중간 배수지에서 염소를 투입함으로써 관말까지 0.1ppm이상 유지해 민원을 예방하고 또한 안전한 수돗물을 생산할 수 있습니다. 그래서 이러한 기술들이 조합되어 스마트 워터 시티가 구축되는 것입니다.

세종시의 스마트 워터 시티 구축은 세종시만의 숙제가 아니다. K-water, 국토교통부 등 정부기관과의 협업과 지원으로 이루어졌다. 스마트 물 관리 모델의 효과를 검증하고 이를 확산시키고자 하는 노력이 모여 조금 더 완벽한 스마트 시티가 완성될 수 있을 것이다.

이동윤 / 세종특별자치시청 상하수도과 사무관

"코로나19와 기후변화 등으로 SOC 디지털화 산업 구조는 가속화되고 있습니다. 이에 먹는 물 분야에서도 상수도 기반 시설 디지털화가 본격적으로 추진될 것이며, 국민 물 복지 차원에서 고품질 수돗물 서비스 제공을 위해 스마트 워터 시티 구축사업은 전국으로 확대될 것으로 전망됩니다."

③ S-Map

마지막으로 서울특별시청을 찾았다. 서울은 그 어느 지역보다 빠르게 디지털 전환이 이루어지고 있다. 이곳에선 가상공간에 구축된 서울의 디지털 트윈을 활용해 만든 3차원 지도인 S-Map으로 도시 문제를 해결하고 있다. 도시 공간의 혁신을 위해 디지털 뉴딜에서 주목하고 있는 기술이 실현되고 있는 것이다.

정인성 / 서울특별시청 공간정보기획팀 주무관

"지상, 지하, 실내를 한 화면에서 통합해 볼 수 있도록 만들었는데, 항공사진 촬영을 통해 3D 자동 구축 기술을 만들었습니다. 자동 구축 기술을 적용해서 3차원 지도를 만들고 다양한 도시 문제를 해결할 수 있는 시스템입니다. 그래서 도시환경, 소방 시스템과 접목해 화재 취약지역이라든지 이런 분석을 할 수 있습니다. 분석 시뮬레이션이 가능한 시스템이기 때문에 향후에는 이런 문제를 해결하고 대안을 마련할 수 있는 시스템이라고 할 수 있습니다."

모니터 화면에 집중하며 대화에 한창인 사람들. 화면을 살펴보니 건물 내부를 3D로 구현해놓은 듯하다. 다중이용시설의 실내공간 정보와 소방 설비에 부착된 IoT 센서를 시각화해놓은 것이라고 한다. 화재와

예측할 수 없는 미래 사용설명서

같은 긴급재난 발생 시 이를 실시간으로 모니터링하고 대응하기 위해 구축한 화재 감지 협업 모델이다. 소방대원에게 현실과 똑 닮은 실내정보를 제공해 화재 진압에 도움을 줄 수 있다.

육용무 / 서울소방재난본부 예방과 소방위

"지금 저희는 예방 차원에서 지도를 이용하고 있습니다. 지금까지는 관계인들이 2D 도면을 사무실에 놓고 필요할 때마다 꺼내 보는 형식이었는데, 현재는 저희 시스템이 구축되면서 소방시설에 이상 상태가 발생했을 때 실내지도로 바로 화면이 표출됩니다. 바로 관계인들이 대응할 수 있죠."

인공지능으로 항공사진을 분석해 만들어진 서울시의 '디지털 트윈 S-Map'. 디지털 세상 속 또 하나의 서울에선 현실의 서울에서 시행하기 어려운 각종 시뮬레이션이 가능하다. '도시 바람길' 분석이 그중 하나다. 실시간 기상정보와 연계해 지형에 따른 바람의 경로와 세기 등을 분석하고 이를 토대로 건물을 배치하거나 미세먼지 저감 대책을 세울 수 있다. S-Map에는 골목길 거리뷰 기능도 탑재돼 있다. 단순히 골목길을 보여주는 것을 넘어 차량 진입이 어려운 골목길, 계단 등에 대한 세부 정보를 제공하고 생활환경 개선 정책에 활용하는 데 구축 목적이 있다. 골목길 거리뷰에서 주목해야 할 것이 또 하나 있다. 바로 뉴딜의 일환으로 진행된 '안전한 골목길 사업'을 통해 일자리 창출이 이루어졌다는 것이다. 덕분에 서울시는 S-Map의 고도화를 이루고, 기업은 자사의 기술력을 더욱 확고히 하는 기회를, 시민들은 도시 문제 개선을 통해 편안하고 안전한 일상을 누릴 수 있게 됐다.

이승민 / 안전한 골목길 사업 참여 업체 이사

"저희는 S-Map 구축사업에 VR 콘텐츠 부분에 참여하고 있었습니다. 청년 일자리 창출에 대해 도움이 되는 뉴딜형 '안전한 골목길 사업'이 의미 있고, 보람 있는 사업이어서 함께 참여하게 됐습니다. 저희가 업무 수행을 진행하면서 각자 분야에서 하고자 하는 방향성을 제시해줄 수 있다는 게 저희 같은 민간기업에서는 아주 장점이 되는 것 같습니다. 기업에 최적화된 인재를 채용할 수 있는 범위가 넓어지고, 다양한 인재를 발견할 수 있다는 점이 민간기업에서는 장점으로 작용하고 있습니다."

디지털 트윈 사업을 선도하고 있는 서울. 앞으로 그 경험을 공유하며 스마트 시티 구축에 힘을 실어줄 예정이라고 한다. 스마트 시티에서 발생하는 도시 문제의 현명한 해결법, 머지않아 더 많은 곳에서 만나볼 수 있지 않을까?

디지털 경제로의 전환을 위한 기술 확보 그리고 일자리 창출이 국민의 안전과 편의로 이어지는 "디지털 뉴딜" 시대. 도시 혈관, 도로에서부터 디지털 트윈을 활용한 도시 관리까지. 점차 지능을 얻어가는 도시를 통해 우리는 디지털 세상이 이루려는 최종 종착지인 스마트 시티에 도착할 수 있을 것이다. 더 빠르고 안전하게 그곳으로 가기 위해선 정부와 지자체 그리고 기업과 우리 모두의 관심이 필요할 때다.

김동욱 / 서울대학교 행정대학원 행정학과 교수

"지방 주도의 뉴딜, 저는 다른 표현으로는 혁신이라고 보는데 그런 사업을 할 수 있게끔 과감하게 중앙 정부가 밀어준다고 할까요? 도와준다고 할까요? 그런 게 필요하다고 봅니다."

권호열 / 정보통신정책연구원장

"최종적으로 디지털 뉴딜의 가장 큰 효과는 결국 우리 국민이 얼마

나 행복해질 것인가. 국민의 삶의 질을 얼마나 높일 것인가. 거기에

최종적인 목표가 있어야 한다고 생각합니다."

위기가 불러온 또 한 번의 변화. 그 속에 전에 없던 새로운 삶이 예고

됐다. 앞으로 우리는 어떤 삶을 살아갈 수 있을까? 디지털 뉴딜이 그려

낼 미래가 기대되는 이유, 이미 우리가 디지털의 혜택을 경험했기 때문

일 것이다.

스마트 국가를 위한 큰 걸음

"폭풍은 지나갈 것이고 인류는 살아남을 것이다.

그러나 우리는 전혀 다른 세상에서 살아갈 것이다."

유발 하라리 / 이스라엘 역사학 교수·사이엔스 저자

"기술은 항상 새로운 일자리를 만들어 왔다.

한국은 미래의 기술을 볼 수 있는 국가가 될 것이라 믿어 의심치

않는다."

제이슨 생커 / 미래학자·프레스티지 이코노믹스 회장

인류가 한 번도 겪어보지 못한 위기. 세상을 바꿀 거대한 변화. 디지털 문명은 피할 수 없는 시대적 과제이다. 어려운 민생을 해결하기 위한 노력은 잠시도 멈출 수 없다. 2025년까지 58조 원 투입, 일자리 90만 개 창출의 목표를 지닌 대한민국 디지털 인프라 구축사업 "한국형

뉴딜". AI를 가장 적극적으로 활용하게 될 디지털 정부. 각 행정기관과 공공기관의 1,000개가 넘는 전산실을 클라우드 센터로 통합하고 신원 증명은 이제 모바일 신분증으로 디지털 약자를 위한 맞춤 안내 서비스 까지 제공한다. 지금 그 혁신의 장으로 안내한다.

디지털 국가를 향한 발걸음

도로, 교통, 항만, 하수도와 같은 국가기반 시설물인 사회간접자본 SOC. 우리는 앞서 디지털 뉴딜 5대 과제 중 하나인 'SOC 디지털화' 작업에 대해 알아봤다. SOC의 기본은 안전성과 효율성으로 더욱 지능화된 교통시스템을 통해 차량의 흐름을 한눈에 살펴볼 수 있고, 도로 곳곳에 설치된 노변 기지국에선 실시간으로 도로 상황을 제공하며, 2027년 완전 자율주행 상용화에 따라 실물과 쌍둥이처럼 닮은 디지털 트윈을 구축하여 여러 문제를 해결할 예정이다.

그만큼 차세대 이동 수단의 필수 과제인 SOC 디지털화는 지능화된 도로, 수자원 관리, 안전한 골목길 사업까지 생명의 숨결을 불어넣었다. 스마트 시티로의 디지털화는 국민의 안전과 삶의 질을 높이기 위한 고도화 작업이다. 우리는 앞으로 생활 속 거의 모든 곳에서 디지털 대전환을 마주하게 될 것이다. 벚꽃처럼 흐드러지게 피어날 미래의 꽃길을 걸으며 디지털 뉴딜에 대해 할 말이 많다는 3명의 전문가와 마주했다.

과학기술정보통신부 디지털 뉴딜지원팀의 이상국 팀장. 한국 생활 28년 차 연세대학교 컴퓨터과학과에 재학 중인 학생이자 방송인인 북유럽 감성의 소유자 레오 란타. 그리고 외교부 서포터즈 18기로 영상 기자로 활동 중인 한국외국어대학교 재학생 김도현 양. 이들과 함께 디지털 뉴딜에 관한 이야기를 나누며 자세한 내용을 알아보자.

Q. 디지털 뉴딜에 대해 들어보셨나요?

김도현 / 한국외국어대학교 프랑스학과
저는 문재인 대통령께서 2021년 신년사 때 한국판 뉴딜을 언급하셨을 때 처음 뉴딜이라는 말을 들었습니다. '디지털 뉴딜'이라는 말 자체가 문과인 저에게는 조금 어렵게만 느껴지더라고요.

레오 란타 / 핀란드인·연세대학교 컴퓨터과학과
디지털 뉴딜을 처음 들었을 때, 거래? 영어로 딜(deal)? 뭔가 거래하겠다는 소린가? 잘 몰랐던 것 같아요.

이상국 / 과학기술정보통신부 디지털 뉴딜지원팀장
'디지털 뉴딜은 디지털을 활용한 뉴딜이다.'라고 하면 쉬울 수도 있는데 조금 더 설명하자면, 디지털은 0101과 같은 컴퓨터 언어일 수도 있지만 "D.N.A"라고 보시면 됩니다. Date(데이터) Network(네트워크) Ai(인공지능)을 따서 D.N.A라고 부릅니다. D.N.A와 같은 최첨단 기술을 활용해서 우리나라의 어떤 산업 경쟁력을 높이고 새로운 일자리를 만드는 것이 디지털 뉴딜이 되겠습니다. 가장 핵심적인 사업이라고 보면 '디지털 댐' 사업이 있습니다.

미국 경제 부흥의 상징이자 20세기 대공황 위기를 극복하게 한 후버 댐. 21세기 우리에게는 어떤 댐이 필요할까? 코로나19로 이례 없는 위기를 겪고 있는 지금, 전 세계는 코로나 이후를 대비하고 있다. 우리는 앞서 디지털 뉴딜의 '데이터 댐'은 물을 가두는 댐처럼 대규모의 데이터를 모은 후 이를 가공·결합하여 혁신적인 서비스를 창출할 것을 확인했다.

댐에 모인 데이터는 5G 고속도로를 타고 인공지능을 만나 스마트 의료와 자율주행차, 비대면 사업까지 우리 사회 곳곳으로 흘러 들어가게 된다. 후버댐 건설에서처럼 데이터 댐을 구축하기 위한 과정에서 수

이상국 / 과학기술정보통신부 디지털 뉴딜지원팀장
미국의 후버댐 사례에서 아이디어를 따와서 이걸 한국의 장점, 우리가 가지고 있는 최첨단 ICT 인프라라든가 우리나라 사람들이 또 새로운 기술에 굉장히 잘 적응하는 그런 부분들을 최대한 활용해서 우리만의 전략을 만든 거죠. 바로 '디지털 뉴딜'입니다. 실제 눈으로 볼 수 있는 댐이 아닌 가상의 댐을 저희가 만들었죠.

레오 란타 / 핀란드인·연세대학교 컴퓨터과학과
데이터가 한곳에 모인다는 건데, 어떻게 모으는 거죠?

이상국 / 과학기술정보통신부 디지털 뉴딜지원팀장
개인정보와 같은 것들을 모으겠다는 건 아닙니다. 예를 들면 의료, 교육, 산업, 공공부문 등 분야마다 활동성이 높은 데이터를 한곳에 축적하여 누구나 활용할 수 있게 구축했다고 보시면 됩니다.

예측할 수 없는 미래 사용설명서

많은 일자리가 생겨날 것이고, 다양한 산업과 연관된 고부가가치가 생산될 것으로 기대하고 있다.

레오 란타 / 핀란드인·연세대학교 컴퓨터과학과
이렇게 뉴딜 사업이 많이 진행 중인 거로 알고 있는데, 그럼 각 분야에서 어떻게 구축되는지 알아보면 좋을 것 같아요. 저희가 의료 같은 데 관심이 많잖아요. 저는 저번에 병원 예약할 때 3달 뒤에 갈 수 있다고 하더라고요. 의료 인프라의 한계를 뉴딜을 통해 개선될 수 있을까요?

이상국 / 과학기술정보통신부 디지털 뉴딜지원팀장
물론이죠. 뉴딜에서도 의료는 중요한 축입니다. 우리나라 의료는 수준 높은 기술을 보유하고 있습니다. 코로나19 대응에서도 보신 것처럼 우리나라가 선전한 게 어떻게 보면 의료가 굉장히 잘 닦여 있기 때문이지 않나 싶은데요. 그럼에도 불구하고 말씀하신 것처럼 대형병원에 가기도 어렵고, 가서도 오래 기다려야 되는 점 등 병원 간 협력·협진 시스템이 다소 미흡한 실정입니다. 그래서 정부에서 디지털 뉴딜 대표 과제 중 하나로 '스마트병원 개발'을 진행하고 있습니다. '스마트병원 선도모델 지원사업'은 2025년까지 정보통신기술(ICT)을 의료에 적용해 의료 서비스를 개선한 18개 모델 개발·검증하는 사업입니다. 아플 때 한 군데만 아프지 않을 때가 많습니다. 두 군데, 세 군데 같이 아플 때가 있는데 한 병원에서만 다 치료하기 어려우니까 병원 간의 협진 즉, 협력 의료기관과 비대면 협진이 가능하게 해주는 겁니다.

레오 란타 / 핀란드인·연세대학교 컴퓨터과학과
그런 게 있으면 정말 편리할 것 같다는 생각이 드네요.

디지털 뉴딜 ①D.N.A 생태계 강화

그럼 이처럼 데이터 댐에 쏟아부은 자본과 기술은 어떤 분야에서 꽃을 피워나가게 될까? 지금부터 데이터 댐으로 들어가 보도록 하자.

코로나19가 앞당긴 디지털 시대로의 전환은 우리의 삶과 밀접하게 맞닿아 있는 의료계에도 변화의 바람을 일으키고 있다. 경기도 고양시에 있는 국민건강보험 'ㅇ'병원은 코로나19 거점전담병원으로서 스마트 솔루션을 도입하여 진화된 의료시스템을 구축해가고 있다. 병원은 지난 2020년 9월 스마트병원 선도모델 지원 사업에 대상기관으로 선정되면서 디지털 전환에 박차를 가하고 있다. 이곳의 궁극적인 목표는 감염병 안심 지역을 만드는 것이다. 탄탄한 방어벽을 쌓기 위해 중증 환자를 전담 치료하는 컨트롤 타워가 되어 고양시 소재의 요양병원 두 곳과 파주시의 종합병원 총 세 곳의 병원을 관할하게 된다.

오성진 / 국민건강보험 'ㅇ'병원 스마트병원사업본부장·심장내과 전문의

"2020년 12월부터 1월, 2월까지 3차 대유행을 맞았을 때는 환자가 하루에 1,000명 이상씩 발생하는 상황이었습니다. 그때는 정말 이러다 의료자원이 고갈되는 것이 아닌가 걱정될 정도였습니다. 의료인력과 의료자원은 한정돼 있기 때문에 갑자기 폭발적으로 증가한 환자들을 효과적으로 치료하는 것이 굉장히 힘든 상황이었습니다. 그래서 저희가 지금까지 병원을 운영하던 기존의 시스템에서는 달라져야 한다는 생각을 했습니다."

예측할 수 없는 미래 사용설명서

‘O’ 병원 실시간 확진자 접촉 관계망 모니터링

　위 사진은 원내에서 발생한 확진자의 접촉자들을 관계망으로 보여주고 있다. 덕분에 감염병 환자가 발생했을 시 원내 동선과 밀접 접촉자, 격리대상자를 짧은 시간에 정확히 찾아낼 수 있게 됐다. 이를 가능하게 한 것이 조그만 신호발생기 덕분이다. 환자와 보호자, 의료진을 포함한 병원 직원들이 신호발생기를 부착하고 다니면, 곳곳에 설치된 스캐너가 신호를 감지하고 실시간으로 전송된 동선과 위치 정보는 추가 감염을 차단하는 기반이 된다.

오성진 / 국민건강보험 ‘O’병원 스마트병원사업본부장·심장내과 전문의

“감염병 상황에 지역사회에서 확진자가 발생했을 경우, 우리 병원 같은 의료기관에 입원하게 되면 의료진들이 많아서 그 환자에 대해

신호발생기와 신호를 감지하는 스캐너

굉장히 체계적인 보살핌을 제공할 수 있지만 그렇지 않은 부분들이
있습니다. 확진자의 증상 악화 시점을 즉각 발견해 대처하는 게 관
건입니다. 그래서 저희가 반지형 웨어러블 디바이스를 활용해 환자
의 생체징후를 실시간 모니터링하고 증상이 악화됐을 경우 빠르게
상급기관으로 이송하는 사업을 계획하고 있습니다."

맥박, 혈압, 호흡수, 체온, 산소포화도 5가지의 생체징후는 의사가 환
자의 상태를 파악하는 가장 기초적인 데이터다. 환자의 몸이 보내오는

예측할 수 없는 미래 사용설명서

신호를 24시간 부지런히 측정해주는 이러한 스마트 기기는, 지속적인 관찰이 무엇보다 중요한 감염병 치료 현장에서 의료진들에게 유용한 손과 발이 되어준다. '스마트화'라는 건 결국, 익숙한 것을 새로운 것으로 바꾸는 과정이기에 숱한 시행착오가 따를 수밖에 없다. 그럼에도 변화를 시도하는 이유는 그 끝엔 '사람'이 있기 때문이다. 환자가 가장 오랜 시간 머물며 회복하는 병동은 그만큼 많은 의료진이 투입되어야 하는 현장이기도 하다. 하지만 부족한 간호 인력은 우리나라 의료계의 고질적인 문제로 늘 꼽혀왔다. 병원은 그 해결의 실마리 역시 스마트 기술에서 찾아냈다.

의료진의 업무를 덜어주는 반지형 웨어러블 디바이스

이서영 / 국민건강보험 'ㅇ'병원 간호사

"지금은 환자나 병원 자산이 없어졌을 때 바로 찾을 수 있는 시스템이지만 예전에는 환자가 없어지면 안내 방송이나 연락을 취하는 방법으로 찾았습니다. 하지만 지금은 화면을 통해 한 번에 찾을 수 있습니다. 병원 자산은 휠체어로 예를 들자면, 잃어버렸을 때 층마다 찾으러 다니던 예전과 달리 이제는 어디에 있는지 한 번에 발견해 바로 찾아올 수 있게 되었습니다."

의료진의 피로도와 업무 부담이 줄면 환자의 안전과 치료 효율은 자연히 높아지게 된다. 이를 위해 구축된 스마트병동은 의료정보 시스템과 연결된 스마트 디바이스를 활용해 대체 가능한 업무를 자동화하는 것이다. 병실의 스마트화, 과연 어떤 것들을 바꿔놓았을까?

간호사가 일일이 수기로 작성하고 다시 컴퓨터에 입력해야 했던 생체징후들은 측정과 동시에 병원 정보시스템에 저장된다. 스마트 수액 시스템은 수액이 적정속도로 잘 주입되고 있는지 또 공급에 문제가 없는지 등 실시간으로 모니터링해주기 때문에 비상 상황이 발행하더라도 의료진은 즉각 대처할 수 있게 됐다.

오성진 / 국민건강보험 'o'병원 스마트병원사업본부장·심장내과 전문의

"제가 생각하기에 스마트병원이라 하면, 좀 더 많은 데이터를 더 자주 더 많은 환자에게서 얻을 수 있어야 합니다. 현재는 대개 중환자실에서만 생체징후 모니터링이 지속해서 이뤄지고 있습니다. 일반 병실에서 갑자기 환자에게 심폐소생술을 해야 한다든지, 갑자기 콜

예측할 수 없는 미래 사용설명서

사인 방송이 울린다든지 등 응급상황이 발생한 경험을 해보셨을 겁니다. 일반병동에서도 응급상황이 발생한다는 것입니다. 그러면 그런 응급환자들은 중환자실에 있지도 않은데 왜 발생하느냐가 화두입니다. 이런 응급상황을 예방하기 위해서는 모든 환자의 생체징후 데이터를 확보할 수 있어야 합니다."

또 다른 스마트 솔루션을 도입한 경기도 분당의 한 대학병원을 찾아가 보자. 이곳에선 첨단 ICT 기술을 통해 정밀 의료를 실현하기 위한 준비를 마쳤다고 한다. 우리나라 사람들에게 취약한 8대 주요 질환 중 치매를 조기에 진단하는 인공지능 소프트웨어 '닥터 앤서(Dr. Answer)'를 개발한 것이다.

배종빈 / 분당'ㅅ'대학교병원 정신건강의학과 교수

"치매는 경도와 중등도, 중증 이렇게 세 가지 단계로 나뉘게 됩니다. 그중 경도 단계의 치매 환자가 약 60%를 차지합니다. 그런데 문제는 경도 치매 환자들은 증상이 심하지 않기 때문에 많은 분이 정상 노화로 오인해서 진단을 못 받고 뒤늦게 치매 진단을 받아 치료 시기를 놓치는 경우가 많습니다. '치매를 조기에 진단할 방법이 없을까?'를 고민하던 와중에 많은 환자분이 요새 뇌 MRI 영상을 촬영한다는 사실을 확인했습니다. 그래서 치매뿐만 아니라 다양한 목적으로 촬영되는 '뇌 MRI 영상을 인공지능으로 분석해서 알츠하이머

병을 조기에 선별할 수 있다면 치매를 조기에 진단할 수 있지 않을까?' 하는 생각에 소프트웨어를 개발하게 되었습니다."

방대한 의료데이터를 딥러닝으로 학습시켜 탄생한 '닥터 앤서(Dr. Answer)'. 치매를 조기에 진단하기 위해선 뇌의 모양과 부피가 정상인과 비교해 얼마나 달라졌는지 분석하고 판독하는 작업이 필요하다. 닥터 앤서가 이 작업을 끝마치는 데 걸리는 시간은 1분 30초 남짓. 기존에 5시간이 걸렸던 것과 비교하면 대폭 단축된 것이다. 그러나 인공지능 의료 소프트웨어를 바라보는 우려의 시선도 있다. 컴퓨터가 저리를 수 있는 오류에 대한 부분도 간과할 순 없다. 인공지능은 어디까지나 의료진의 진단과 더불어 정확성과 치료 효율성을 높여줄 수 있는 보조 도구로 봐야 한다.

뇌 MRI 인공지능 분석 화면

예측할 수 없는 미래 사용설명서

배종빈 / 분당'ㅅ'대학교병원 정신건강의학과 교수

"솔직히 말씀드리면 처음에는 이런 인공지능 기술에 대해 저희도 걱정하고 의심스러운 부분이 있었습니다. 하지만 인공지능 기술을 개발하고 실제 임상 현장에서 검증하는 과정에서 굉장히 높은 정확도를 보인다는 것을 연구진들도 확인하게 되었습니다. 잘 활용한다면 좋은 기술과 이런 검증을 통해 효과적인 인공지능 기술이 의사한테도 도움이 될 뿐만 아니라 여러 환자에게도 분명히 도움 될 부분이 많다고 생각합니다."

닥터 앤서도 실제 의사들처럼 여러 전공의로 나뉜다고 한다. 인천광역시에 위치한 'ㄱ'병원에서 활약 중인 닥터 앤서는 대장암의 씨앗인 폴립(polyp, 용종)을 조기에 잡아내는 역할을 한다. 한국인에게 네 번째로 많이 발생하는 대장암(2018년 국가암정보센터 통계). 하지만 초기 증상이 없는 데다 육안으로 판별이 어려울 정도로 작은 폴립(polyp, 용종)은 자칫 놓치는 경우도 발생한다. 때문에 이처럼 대장내시경 검사에 소프트웨어를 도입하여 정확도를 높이고 있다. 그 결과 기존 74%에서 92%까지 정확도를 끌어올리는 데 성공했다.

박동균 / 'ㄱ'병원 소화기내과 교수

"인공지능이 의료 인프라로 성장하고 자리 잡기 위해서는 인공지능이 많이 활용되는 의료 에코시스템이 되어야 한다고 생각합니다.

지금은 검사를 많이 하고 질환을 많이 발견하고 치료를 많이 해야 이익이 발생하는 구조입니다. 하지만 고령화 환자와 만성질환이 많아지는 현 세계에서는 예측·예방하고 질환이 생기지 않게 하는 맞춤형 정밀 의료가 필요합니다. 그렇게 해서 병을 예방하고 시술을 줄여야 이득이 나는 의료보험 시스템으로 전환될 때, 인공지능은 인프라로서 자리도 확실히 잡고 매우 큰 효과를 발휘할 수 있다고 생각합니다."

디지털 뉴딜 ②교육 인프라

디지털 교육의 시대, 이를 위해 대한민국의 미래를 이끌 미래 교사들의 실습 현장인 서울대학교 미래교육센터를 살펴보자. 교사의 꿈과 미래 역량을 키우고 있는 예비 교원들. 코로나 시국의 여파로 많은 초·중·고등학교에서 원격 수업을 진행하고 있는 가운데, 예비 교원들이 추후 원격 수업을 잘 진행하기 위해 다양한 프로그램을 연구하고 있다.

디지털 뉴딜의 일환으로 교육부에서 추진하고 있는 '원격 교육 인프라' 사업. 전국 18개의 교육대학과 국립사범대학에 예산 60여억 원을 투입해 미래교육센터를 지원하고 있다. 예비 교원들은 초·중등학교의 교육격차 해소를 위하여 배려가 필요한 학생들의 원격 멘토가 되어주고 방과 후 지도에도 힘쓸 예정이다.

"저희가 수업을 고안해서 툴 같은 걸 다루며 배우게 되는 것들도 있는 것 같습니다. 물론 저희가 지식적으로 받아들이는 것도 있지만, 직접 해보는 것만큼 잘 배울 수 있는 게 없다고 생각하는데 그런 측면에서는 도움이 많이 되는 것 같습니다."

Q. 미래의 디지털 교육, 선생님들도 준비가 필요할 것 같은데요?

이상국 / 과학기술정보통신부 디지털 뉴딜지원팀장
좋은 질문입니다. 교수님들뿐만 아니라 학교 선생님들께서 디지털 교육에 대해서 익숙해지고, 어떤 부분을 가르쳐야 하는지 아는 게 굉장히 중요합니다. 예비 교원의 디지털 역량 강화를 위해 전국의 모든 교육대학·국립사범대학에 미래교육센터를 설치해 배울 수 있도록 지원하고 있습니다.

김도현 / 한국외국어대학교 프랑스학과
이제는 책이 아닌 태블릿PC로 공부하는 시대가 온 거네요!

원격 수업은 다양한 형식으로 진행될 수 있다.

VR(Virtual Reality, 가상현실)·AR(Augmented Reality, 증강현실) 체험과 인공지능을 기반으로 한 디지털 활용 콘텐츠 제작, 미래형 AI-SW(인공지능 소프트웨어) 활용 등 예비 교원들이 원격 교육 환경에서 스스로 수

Q. 우리나라 교육 방식은 어떻게 바뀔까요?

이상국 / 과학기술정보통신부 디지털 뉴딜지원팀장
교육에 대한 투자가 굉장히 중요한 분야인 것 같습니다. 아이들에 대한
투자가 곧 새로운 대한민국에 대한 투자가 아닌가 싶은데요. 교실마다
초고속Wi-Fi를 설치하고, 최신식 태블릿PC를 제공할 예정입니다.

레오 란타 / 핀란드인·연세대학교 컴퓨터과학과
여러 학교가 다 되는 건가요, 선정하시는 건가요?

이상국 / 과학기술정보통신부 디지털 뉴딜지원팀장
전국의 초·중·고에 과거와는 다르게 양질의 소프트웨어 교육이라든
가, 교육 프로그램들을 마련해서 제공해드릴 예정입니다.

업을 설계·시연할 수 있도록 인프라를 제공하고 있다. e-러닝과 같은
ICT를 활용한 교육이 강조되고 있던 시점에 코로나19의 등장이 기폭
제가 되어 좀 더 빨리 현실로 이끌었다.

임철일 / 서울대학교 교육학과 교수·미래교육혁신센터 소장

"사범대학만 하더라도 기존에 과학 교과 따로, 수학 교과 따로 있었
지만 이것을 소프트웨어와 융합하는 교육은 별로 없었습니다. 그래
서 저희가 기존의 국어, 영어, 수학, 과학을 어떻게 연결할 것인가
하는 워크숍을 개발했고 그것을 계속 발전시켜서 교과목까지 만들

었습니다. 그 교과목이 2020년부터 두 학기 걸쳐 시범적으로 시행되고 있는데 예비 교원들에게 반응이 아주 좋습니다. 그렇게 훈련받은 예비 교원들이 학교 현장에서 학생들에게 시행하는 능력을 갖추게 되고, 현장에 있는 교원들도 지금 우리 예비 교원들이 하는 걸 아주 관심 있게 보고 있습니다"

미래형 교습법으로 지식을 나누고 있는 정대홍 교수님의 수업을 엿보자. 물론 오프라인 수업에서 교사와 학생이 서로 눈을 맞추고 반응을 보고, 서로 교감하는 것에 비한다면 온라인 수업은 아쉬운 점이 많다. 그러나 모든 새로운 상황은 뜻밖의 혜택도 가져다주는 법이다. 때문에 정대홍 교수님은 원격 수업을 통해 얻게 된 장점도 있다고 한다.

정대홍 / 서울대학교 화학교육과 교수

"온라인으로 1년간 수업하면서 오프라인 수업에서 하지 못했던 시도나 장점들도 보였습니다. 수업에 도움 되는 자료들을 학생들에게 언제든지 보여줄 수 있습니다. 오늘도 수업하다가 엑셀을 켜서 수치를 넣어 시뮬레이션할 수 있고, 동영상을 켜서 웹상에 있는 것들을 가져와서 수업에 쓸 수도 있습니다. 또 어떤 때는 논문 검색도 바로 합니다. 이전에는 이미 검색한 논문을 펼쳐놓고 수업을 했지만 지금은 검색하는 과정부터 학생들과 같이 봅니다. 그래서 예비 교원 학생들은 간접적으로 '아, 논문 검색을 이렇게 하는 거구나'라는 것도 배울 수 있는 것처럼, 디지털 원격 교육을 통해 기존에는 갖지 못했던 여러 가지 장점들도 경험하고 있습니다."

마음껏 학교에 가지 못하는 우리 학생들이 언제 어디서나 더욱 흥미롭고 알찬 수업을 받을 수 있도록, 미래 선생님들과 정부가 온 힘을 다해 주길 바라본다.

디지털 뉴딜 ③비대면 산업 육성

코로나19가 업무환경에 불러온 원격의 시대. 기업의 체질 개선이 요구되면서 재택·원격근무 솔루션에 대한 관심도 뒤따라 높아지고 있다.

레오 란타 / 핀란드인·연세대학교 컴퓨터과학과
요즘 코로나19로 인해서 비대면으로 많은 사업도 시작하게 되었고, 회사에서도 실제로 미팅 같은 것도 화면을 통해서 하잖아요. 중소기업을 위한 비대면 플랫폼 구축 지원방안은 뭐가 있을까요?

이상국 / 과학기술정보통신부 디지털 뉴딜지원팀장
대기업들은 비대면 근무에 대한 투자라든가 준비가 잘 돼 있는 편입니다. 그에 반해 중소기업은 비대면 업무에 대한 대응이 아직 열악합니다. 그래서 정부에서 중소기업들도 도와드리기 위해 '비대면 서비스 바우처'라는 걸 드리고 있습니다.

레오 란타 / 핀란드인·연세대학교 컴퓨터과학과
그러면 예를 들어 치킨 사업을 시작하려고 해요. 그런데 직원이 없는데 사장님이 치킨을 구워줄 로봇이 필요하다, 도와달라고 하면 그 로봇을 지원해주시는 건가요?

이상국 / 과학기술정보통신부 디지털 뉴딜지원팀장
예를 들면 비대면으로 치킨 사장님께서 다른 치킨 가게와 영상으로 회의를 한다거나 아니면 치킨에 대해 관리하려고 하면 어떤 프로그램들이 필요하지 않겠습니까? 온라인이나 비대면으로 홍보할 수 있는 소상공인 온라인 비즈니스를 지원하고 있습니다.

서울 영등포동에 자리한 협업 툴 솔루션 개발사는, 20116년 자체 개발 협업 툴을 선보인 이후 기업들의 요구를 꾸준히 반영하며 치열한 업무용 플랫폼 시장에서 단단히 자리매김하고 있다. 협업 툴은 개인 PC나 모바일만 있으면 직원들이 뿔뿔이 흩어져 일해도 실시간 대화가 가능하고, 업무 진척 상황을 파악할 수 있는 플랫폼이다. 현재 중소기업들은 대부분 개인용 메신저나 메일 등 전문화되지 않은 서비스를 활용하는 실정이지만, 보안이 취약한 데다 일정 시간이 지나면 주고받은 대화나 자료가 휘발되기 때문에 업무용으로 사용하기엔 허점이 있다.

생명공학 기자재 납품회사를 운영하는 임홍준 대표는 코로나19가 발생하기 전부터 원격 솔루션에 관심이 많았다고 한다. 그러다 2020년, 비대면 솔루션 활용에 어려움을 겪어온 중소기업들을 지원하는 정부 바우처 사업에 지원했고 본격적으로 원격 시스템을 구축할 수 있었다. 그는 원격 시스템 구축에 필요한 비용 중 10%만을 부담하며 새로운 업무 기틀을 마련할 수 있었다고 한다.

임흥준 / 생명공학 기자재 납품업체 대표

"담당 영업사원이 거래처를 직접 방문하지 않고 고객과 비대면으로 소통할 수 있는 솔루션이기 때문에 이를 바탕으로 진행되는 프로젝트 및 현황들을 고객들과 직접 소통하는 것이 가장 큰 장점이었습니다. 저희가 솔루션을 도입하기 전에는 유선 연락이나 메일 등 한정적인 프로그램만 사용했었습니다. 하지만 솔루션을 도입한 후부터는 비대면으로 고객과 조금 더 체계적인 소통이 가능한 프로세스가 적용돼서 업무 성과에도 큰 도움을 받고 있습니다."

"가장 강한 자가 생존하는 것이 아니라 환경에 잘 적응하는 자가 살아남는다." 진화론자 찰스 다윈이 남긴 말이다. 우리는 아직 변화의 소용돌이 안에 있다. 그리고 정부는 코로나19가 뒤흔들어놓은 일상을 회복시키기 위해 전 산업 분야에 걸친 대대적인 재편과 지원사업을 펼쳐나가고 있다. 중소기업들은 정부의 이러한 행보를 좀 더 관심 있게 지켜볼 필요가 있다. 지원책들을 적극 활용해 인프라를 구축한다면 지금의 이 불확실한 시대도 무사히 이겨낼 수 있는 근간이 될 것이다.

이학준 / 협업 툴 솔루션 개발사 대표

"이미 많은 기업이 원격근무 솔루션을 도입하긴 했지만, 그럼에도 불구하고 아직 사각지대에 있는 기업들이 매우 많습니다. 디지털 환경을 굉장히 빠르게 받아들일 수 있는 업종이 있는 반면에 제조업이나 전통산업 등의 기업들은 여전히 디지털 환경 전환이 취약합니다. 그런 기업들도 쉽고 편리하게 이용할 수 있는 비대면 업무 솔루션을 계속 발전해 나갈 생각입니다. 보안과 관련된 다양한 기능이라든지 고객의 소리를 통해서 고객에게 필요한 것들을 계속해서 발전해 나갈 계획을 하고 있습니다."

대기업뿐만 아니라 중소기업도 함께 성장할 수 있는 기반이 마련된 지금. '비대면 서비스 바우처' 플랫폼을 통해 기업당 최대 400만 원 이내 바우처를 사용할 수 있고, 체크카드 결제 시 결제 대금 중 90%가 지원된다.

디지털 뉴딜 ④지능형 AI 정부

지능형 AI 정부의 일환인 21세기형 집현전이 구축되고 있는 국립중앙도서관을 찾았다. 우리는 그동안 논문이나 도서, 영상자료 등 국가가 관리하는 지식정보(국가 지식정보: 과학, 교육, 문화예술, 행정 등 국가적 이익 가치가 있다고 판단되는 자료)를 얻으려면 웹 사이트나 기록원, 도서관 등

Q. IQ가 높은 사람들만 공공 근무를 하는 곳인가요?

이상국 / 과학기술정보통신부 디지털 뉴딜지원팀장
'지능형 정부'라는 건 국민에게 더욱 똑똑한 공공 서비스를 제공해드린다는 의미가 가장 크다고 봅니다. 기존에는 국민이 직접 공공 서비스에 대한 지침과 혜택을 찾아보는 데 불편함이 있어서 놓치는 경우가 다반사였는데, 이제는 정부가 먼저 찾아갑니다. 운전면허증 갱신이나 코로나 접종 안내 등 정부가 알아서 개개인에게 알림 서비스를 진행하고 있습니다.

김도현 / 한국외국어대학교 프랑스학과
그러면 지식+지식+지식… '정보의 바다인 정부', 정부의 행정혁신이라고 생각하면 될 것 같은데요.

Q. '지능형 AI 정부' 인공지능과 행정서비스가 만나면?

이상국 / 과학기술정보통신부 디지털 뉴딜지원팀장
대표적으로 '디지털 집현전'이라는 사업이 있습니다. 예를 들면 도서관, 박물관 등 여러 곳에 좋은 정보들이 분산돼 있을 수 있는데, 이걸 한곳에 모아서 어떤 정보를 원하든 편하게 찾아볼 수 있도록 디지털 집현전을 만들고 있습니다.

다양한 채널을 통해야 했다. 원하는 정보를 찾기 위해 정부 사이트를 뒤져야 하는 수고로움이 있었다. 하지만 이제는 "디지털 집현전"이라는 하나의 플랫폼에서 편리하게 이용할 수 있게 됐다. 국민 모두가 지식정보에 쉽게 접근하고 활용할 수 있는 사회를 만들기 위함이다. 이를 테면, 지금 당장 《동의보감》에 대한 정보가 필요하다면, 디지털 집현전을 통해 누구나 집에서도 확인할 수 있는 것이다. 한 권의 책에 담긴 방대한 문자와 이미지를 모두 데이터화 하려면 페이지를 일일이 스캔하는 작업이 필요하다.

다음 사진에 있는 로봇 스캐너는 시간당 2,500매까지 스캔하며 대량 디지털화를 위해 꼭 필요한 장비다. 스캔 된 자료는 이후 작업자가 문자를 검색하거나, 복사해서 붙여넣거나 또는 이미지를 보수할 수 있도록 'OCR(Optical Character Reader, 광학식 문자판독기)'로 변환한다. 이렇게 귀중한 국가 지식정보 자료를 누구나 자유롭게 열람할 수 있다는 건 반가운 소식이지만 한편으론 저작권에 대한 우려를 놓을 순 없다. 디지털 집현전의 안정적 운영을 위한 법률적 기반은 어떻게 마련돼 있을까?

오버헤드 V 로봇 스캐너

고영민 / 국립중앙도서관 디지털기획과 주무관

"저작권법 31조에 따라서 '복제할 수 있다'라는 규정이 있습니다. 그래서 도서관에서 예외 되는 복제 규정을 따르고 있습니다. 법률에 따라서 진행되고 있으므로 법적 문제는 없습니다."

국립중앙도서관에서는 앞서 보았던 로봇 스캔보다 화질이 뛰어난 고화질 스캔 작업도 이루어진다. 스캔을 여러 번 하다 보면 문서가 상할 수 있기 때문에 훼손의 우려가 있는 귀중본이나 문화재급 자료들은 더 깊은 곳에서 담당한다. 로봇 스캔이 시간당 2,500매를 작업하는 데 반해 이곳에선 1매를 스캔하는데 반나절이 소요되기도 한다. 이렇게 자료들이 컴퓨터 속으로 들어가면 이제 사람의 눈과 손이 나설 차례다. 데이터화 된 자료들을 우리는 향후 PDF 등의 파일로 접할 수 있게 된다. 필요한 부분을 목차에서 클릭하면 원하는 페이지로 한 번에 이동하는 기능 즉, 목록에 위칫값(링크)을 입력하는 작업이다.

고영민 / 국립중앙도서관 디지털기획과 주무관

"지적 재산을 보호하는 저작자의 권리를 찾아주는 문제도 중요하고, 그다음 제대로 검색돼서 국민이 쉽게 이용할 수 있도록 하는 것이 가장 중점이라고 생각합니다. 자료 자체에 있는 내용뿐만 아니라 서지학적 가치, 문화적 가치도 확인하실 수 있게 고품질로 디지털화해서 서비스하는 걸 목적으로 하고 있습니다."

지능형 AI 정부가 이끌고 있는 다양한 분야의 디지털화에 대해 좀 더 알아보자. 먼저 '모바일 신분증'에 대한 변화다. 2022년부터는 스마트폰 하나로 운전면허증을 대신할 수 있고 은행 업무에 필요한 구비서류를 따로 챙기지 않아도 법적 효력을 지닐 수 있게 된다. 현재 테스트 베드로서 공무원증에 기술을 적용하여 편의성과 안정성을 검증하고 있는 상황이다. 출입뿐 아니라 도서대출, 업무 시스템 로그인에도 사용할 수 있다.

박범수 / 행정안전부 디지털 안전정책과

"디지털 신분증은 모바일 신분증 앱으로써 신원 증명을 할 수 있습니다. 국가 신분증으로서 역할을 할 예정으로, 직접 신분증을 들고 다녔는데 모바일 앱에 담아놓으면 직접 들고 다니지 않아도 되는 장점이 있습니다. 게다가 기존에는 사람한테만 보여주기 좋은 용도로 신분증을 들고 다녔었다면, 앞으로는 기기나 온라인상에서 신원 증명도 가능할 수 있게 될 예정입니다."

2022년부터는 우리나라 국민 모두에게 '맞춤형 AI 비서'가 생길 예정이다. 혹시 과태료 납부 기간을 넘겼거나 민방위 교육 날짜를 깜박 잊은 적이 있는가? 이제 '국민비서'가 행정지원 혜택이나 각종 과태료 납부 기한, 건강검진 안내까지 각자 필요한 정보를 미리 알려주고 신청·납부까지 도와주게 된다. 접수방법이나 구비서류에 대한 답변을 챗봇 메신저나 대화 방식으로 받을 수 있으며, 민간 캘린더 앱과 연동하면 일정을 한눈에 파악할 수도 있다.

　한국형 디지털 뉴딜의 기반이 될 정부의 클라우드 전환 계획을 들여다보자. 클라우드란 한마디로, '컴퓨터 자원을 공유하고 활용하는 것'으로 설명할 수 있다. 스마트한 업무환경을 위해 공공정보시스템을 클라우드로 전환하는 방안을 추진하고 있다. 현재 각 기관에서는 1,000여 개 이상 도합 22만 4천여 개의 전산실을 운영하고 있지만, 기관별로 흩어져 있어 운영이 효율적이지 못한 데다 그만큼 비용도 낭비되고 있다.

장경미 / 행정안전부 디지털정보기반과 과장

"전산 시스템이 보안 환경도 좋지 않고 열악한 환경에서 운영되고 있어서 좀 더 전문적이고 보안성이 확보된 클라우드 센터로 통합하여 관리·운영하기 위해 추진하는 사업입니다. 전문적인 기관에 맡겨서 운영할 수 있다는 점에서 보안위험이 훨씬 줄어들 것이고, 클라우드로 가게 되면 내가 쓰는 것만을 가지고 있는 게 아니기 때문에 자원을 통합하는 효과가 있어 운영하는 데도 약 30% 정도의 비용 절감 효과가 있을 것으로 예상됩니다. 따라서 운영 효율화를 기대할 수 있습니다."

공공시스템을 클라우드로 전환하고 있는 한 민간 클라우드 회사를 찾았다. 교통, 문화, 금융, 통신 등 현재까지 구축되어 있는 16개 분야의 빅데이터 플랫폼 중 10개 분야를 도맡아 클라우드에서 운영하고 있다. 데이터를 스토리지에 쌓고 툴을 이용하여 분석하고, 이것을 활용할 수 있도록 컴퓨팅 자원을 제공하고 있다.

나교민 / N사 클라우드 공공영업 이사

"디지털 뉴딜 사업과 공공·민간기업의 디지털 전환의 시점에서 클라우드는 선택이 아닌 필수가 되었습니다. 예를 들어 지자체에서는 일정 기간 운영되는 재난지원금 사이트를 클라우드로 활용하고 있습니다. 성남시의 경우에는 클라우드 플랫폼을 활용하여 코로나 능동 감시 대상자들에게 하루에 두 번씩 자동으로 전화해서 건강을 확인하고 있습니다. 24시간 365일 고객의 데이터를 안전하게 보호하기 위해 최고 수준의 전문 보안 인력들이 다양한 공격에 실시간으로 모니터링하고 있습니다. 클라우드를 기반으로 하는 대민서비스는 향후 AI나 챗봇 등의 다양한 IT 기술을 접목하여 비용도 절감하고 국민의 편익을 위한 다양한 변화를 가져올 것이라고 예상됩니다."

국민의 삶의 질을 높여 줄 똑똑한 정부. 인공지능이 가져올 공공 서비스의 진화가 앞으로 우리의 삶을 어떻게 향상시킬지 기대되는 부분이다. 국민의 이해와 공감을 얻을 수 있는 맞춤형 공공 서비스로 자리 잡길 응원해본다.

서주현 / 행정안전부 디지털정부정책과 과장

"정부는 디지털 기술을 새롭게 도입하는 것뿐만 아니라 포용적 디지털이라는 정책을 시행하고 있습니다. 어르신들 또는 장애가 있으신 분 중에서 일반적인 서비스에 접근하기 힘든 부분들이 있는데, 저희는 접근이 용이한 생활시설기관(복지센터·평생학습관·도서관 등)에 디지털 배움터를 전국 1,000곳에서 운영하고 있습니다. 그래서 어르신들이나 디지털 기기에 익숙하지 않으신 분들도 쉽게 배울 수 있도록 하고 있습니다. 다음으로 정부 웹 사이트나 앱에 대해서도 장애가 있는 분들도 쉽게 이용할 수 있는 표준을 마련하여 모든 디지털 서비스에 UI(User Interface, 시각적 요소), UX(User Experience, 사용자 경험)를 개선하고 있습니다."

디지털 뉴딜은 어떻게 하면 국민이 새롭게 번창하고 안전하며, 행복한 삶을 살 수 있을지 그 답을 찾아가는 과정이자 약속이다. 일자리 해결과 혁신적인 국가 성장! 우리는 이 두 마리의 토끼를 잡을 수 있을까? 새로운 미래에 마중물을 붓는 정부와 펌프질로 호응하는 국민! 지금의 협력이 대한민국의 새로운 100년을 여는 열쇠가 될 것이다.

예측할 수 없는 미래 사용설명서

Q. 디지털 뉴딜, 이제 감이 오시나요?

레오 란타 / 핀란드인·연세대학교 컴퓨터과학과
제가 28년 동안 한국에 살았는데, 한국인뿐만 아니라 이렇게 오래 계신 외국인들을 위한 편리함도 좀 만들어 주면 좋을 것 같다는 생각이 들었습니다.

Q. 핀란드의 디지털 정책은 어떤가요?

레오 란타 / 핀란드인·연세대학교 컴퓨터과학과
핀란드는 공공 데이터라든지 인프라 쪽으로는 이미 오래전부터 하고 있었고 그로 인해서 일자리가 많이 생겼어요. AI나 프로그램 쪽으로 일하는 분들이 필요합니다. 그래서 2030년까지 5만 명을 어디선가 찾아와야 합니다. 그래서 지금 핀란드 정부에서 온라인으로 모집하기 시작했고, 한국이든 어느 나라에서도 지원할 수 있습니다.

이상국 / 과학기술정보통신부 디지털 뉴딜지원팀장
일자리에 관한 내용이 매우 중요한 내용인 것 같습니다. 일반적으로 생각하시기에 '디지털화가 되면 일자리가 줄어드는 것이 아닌가?' 이런 걱정을 많이 하시는데, 핀란드 사례처럼 일자리가 점점 새롭게 만들어지고 있는 부분들이 매우 큽니다. 기존에 단순 반복적인 업무가 점점 없어지는 대신에 새로운 코딩 교육이라든가, 새로운 프로그래밍하는 관련 등의 일자리가 생성될 것 같습니다. 디지털 뉴딜은 우리나라가 디지털 선도국가로 도약할 수 있는 발판이 되어줄 것입니다.

4장

AI와
첨단 ICT

딥페이크, AI의 빛과 그림자

　실제가 아닌 가짜 영상. 여기서 가짜 영상이라는 의미는 화면 속 인물이 실제가 아니라는 것일까, 아니면 들리는 음성이 변조된 소리라는 것일까?

　영상 속에서 보이고 들리는 모든 움직임과 목소리는 AI가 만들어낸 작품이다. 사람의 눈과 귀를 속이는 아주 정교한 합성기술. 우리는 이러한 인공지능의 결과물을 '딥페이크(Deep Fake)'라고 부른다. 인공지능이 사람처럼 생각·판단·예측하는 기술인 '딥러닝(Deep Learning, 학습을 통한 생각하는 컴퓨터)'과 가짜를 뜻하는 '페이크(Fake)'를 합성한 말이다. 감쪽같은 합성 영상을 AI가 만들어내는 시대. 컴퓨터 기술의 눈부신 발전은 우리에게 빛과 그림자를 동시에 가져다주고 있다.

　인력과 시간, 비용을 모두 절감할 수 있는 IT 기술이자 다양한 산업 분야에 적용 가능한 첨단 기술의 빛. 그리고 빛의 반대편에 서서 타인의 얼굴을 훔치며 음란한 상상을 현실화시키는 범죄의 그림자. AI가 지

　　　　　　　　　예측할 수 없는 미래 사용설명서

닌 두 가지 얼굴 속에서 우리가 찾아내야 하는 진실은 과연 무엇일까? 인공지능이라는 도구를 손에 쥔 인간이 앞으로 나아가야 할 길에 대해 이야기해 보고자 한다.

페이크 포르노(Fake Porno)

페이크 포르노(Fake Porno)는 타인의 얼굴을 음란물에 합성해 만든 딥페이크 포르노를 말한다. 2020년 4월, 우리나라 연예인 100여 명이 피해자로 추정된 사건이 수사망에 포착됐다. 딥페이크 음란물을 조직적으로 제작·유포한 이들의 정황이 디지털 성범죄 수사팀에게 발견된 것이다.

해외에 서버를 둔 사이트를 통해 약 2년간 음란물 3천여 개가 배포

국가별 딥페이크 성인 음란물 구분 그래프

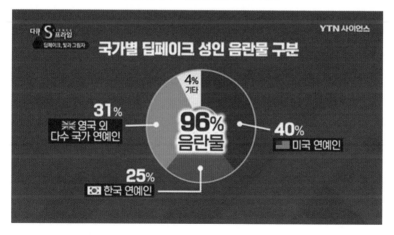

됐고, 이 중 한국 연예인 100여 명의 얼굴을 합성한 딥페이크 음란물(페이크 포르노)이 상당수를 차지하고 있다는 사실이 밝혀졌다. 음란물의 형태는 매우 자연스럽게 얼굴이 합성되어 실제 대중들에게 잘 알려진 스타들이라는 착각이 들 정도로 정교하다. 한 통계에 의하면 세계 딥페이크 콘텐츠 중 96%가 성인 음란물이며 이 중 40%가 미국 연예인, 25%가 한국 연예인을 대상으로 하고 있다는 결과가 나타났다. 대부분이 여성 연예인으로 딥페이크 범죄는 2020년 기준 전년도에 비해 무려 80% 이상 증가했으며, 문제는 그 추세가 더 가속화되고 있다는 것이다.

전창배 / 한국인공지능윤리협회 이사장

"일반인이 연예인을 접할 기회가 쉽지 않기 때문에 훔쳐보기 욕구를 잘못된 방법으로 충족하고자 하는 그런 시도에서 이런 딥페이크 문제들이 생기게 된 거죠."

구태언 / 첨단범죄 전문 변호사

"2020년 초에 글로벌 허위음란물 제조 조직이 국내 연예인 100여 명의 얼굴을 합성한 딥페이크 영상물을 만들어서 큰 물의를 빚은 적이 있었습니다. 우리나라 연예인들, 아이돌 100여 명이 이 영상물의 피해자가 되었는데요. 사실 이 사건을 계기로 국회에서 논의를 빨리 전개해서 딥페이크를 처벌하는 「성폭력범죄처벌법」을 개정하게 된 것입니다."

딥페이크 음란물을 제작하고 유포하는 일은 분명한 범죄다. 누군가의 얼굴을 도용해 음란한 영상에 활용하며 상업적인 이익을 얻는 자. 유포된 음란물을 공유하며 대상자의 명예를 훼손하는 자. 모두 범죄를 저지르고 있다는 것을 인식할 필요가 있다.

우리나라는 타인의 사진을 합성해서 허위음란물을 제작할 경우, 「성폭력범죄의 처벌 등에 관한 특례법」 개정안에 따라 5년 이하의 징역 또는 5천만 원 이하 벌금에 처한다. 또한 영리목적으로 이를 행하였다면 7년 이하 징역으로 가중 처벌한다(제14조의2).

딥페이크 음란물을 만들거나 유포하는 행위를 신종 디지털 성범죄로 지정한 것으로 이와 같은 처벌은 2020년 6월 25일부터 시행되고 있다.

구태언 / 첨단범죄 전문 변호사

"인터넷이나 오프라인으로 배포한 사람도 처벌되고 있습니다. 다만, 소지한 사람은 「성폭력범죄처벌법」으로는 처벌 규정이 없습니다. 일반 형법에 음화소지죄로 처벌되는데 소지죄는 징역 1년 이하로 처벌 수위가 낮은 상황입니다. 이용자들이 왜 딥페이크에 심취하느냐면, 인기 연예인과 연상시킨 딥페이크 영상물이 마치 실제인 것처럼 보이기 때문에 호기심을 자극하는 요소가 크기 때문입니다. 하지만 이 딥페이크가 해당 연예인의 의사에 반해서 만들어졌다는 면에선 심각한 범죄에 해당하기 때문에 매우 주의해야 할 행위라고 할 수 있겠습니다."

지인 능욕

딥페이크 기술을 악용하는 범죄는 그 대상이 연예인이나 대중에게 얼굴이 알려진 유명인뿐만 아니라 일반인에게까지 적용되고 있다는 점에서 심각성이 더욱 대두되고 있다. 실제로 알고 있는 여성을 대상으로 한 일명 '지인 능욕'. 아는 누군가를 성범죄 대상으로 보고 그들의 얼굴을 음란 사진이나 영상에 합성해 올리면, SNS 대화방 참여자들이 집단으로 성희롱 품평을 하는 디지털 성범죄이다. 충격적인 건 이러한 범죄 행위들이 이미 공공연하게 이뤄지고 있다는 사실이다. 아는 사람은 다 아는 음지 속의 비밀들. 딥페이크 기술을 악용하는 이들로 인해 명예를 훼손하고, 평생 잊지 못할 상처를 입었어도 피해자들이 그 사실을 드러내긴 더욱 어렵다.

간접적으로나마 딥페이크 영상물 피해자들의 조심스러운 움직임을

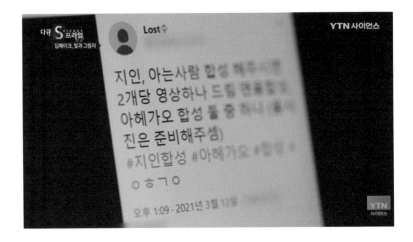

예측할 수 없는 미래 사용설명서

파악할 수 있는 곳, 개인의 디지털 기록을 삭제해주는 전문업체를 찾아가 보았다. 인터넷의 등장 이후 무섭게 퍼지기 시작된 불법 합성 영상들과 온라인 세상 속에 자신도 모르게 뿌려진 합성 영상을 제거하기 위해 전문가를 찾는 이들. 현재 그 추세는 어느 정도일까?

김호진 / 디지털 장의사

"보통 딥페이크 합성 게시물은 중·고등학생들이 많이 올립니다. 요즘에는 사람들이 화가 나면 그것을 참지 않고 어떻게든 보복하려는 습성이 많이 생기면서 온라인을 통해 자신을 모욕했던 사람들의 사진을 모아 그 사진에 모욕적으로 다른 이의 벗은 몸을 합성시킵니다. 그래서 딥페이크 합성 게시물 피해자의 주변 사람들 혹은 지인들은 굉장히 치욕적으로 느낄 수밖에 없는 그런 게시물들을 친구들과 올리는 추세인 것 같습니다."

충격적인 건 딥페이크 음란물을 만들고 유포하며 이 불법적인 시장을 이끄는 이들이 대부분 10대 청소년이라는 사실이다. 누군가를 향한 보복 심리, 성적 만족, 조롱과 웃음거리를 위한 놀이. 이들에게 있어서 보다 정교해진 영상 합성기술은 일종의 진화된 놀이 도구다. 학생들의 SNS를 오가는 글과 영상들 속엔 성폭력에 대한 죄의식을 조금도 찾아볼 수 없다. 그리고 지인에 의해 이러한 일들이 자행된다는 걸 알게 된 피해자들의 심정은 아마도 충격 그 자체일 것이다. 지난 2020년, 전

국민의 공분을 샀던 텔레그램 N번방 사건에서도 확인된 '지인 능욕'의 실태. 음란물 영상 합성기술은 인공지능의 딥페이크와 만나 좀 더 정교하고 보다 은밀하게 퍼져나가고 있다. 이는 광범위한 규모의 수요자가 있기에 가능한 일이라는 점에서 심각성이 드러나고 있다.

"디지털 장의사"라고 불리는 이들은 피해자들의 '의뢰'를 받아 온라인 세상 속에 돌아다니는 오명의 게시물들을 삭제하는 일을 한다. 의뢰자와 계약서를 작성하면 곧바로 해당 '데이터의 수집'에 들어간다. 다음은 '삭제' 단계로, 전용 데이터 분석 프로그램을 사용하며 일일이 해당 사이트에 삭제요청을 한다. 특히 게시물이 게재된 사이트가 해외 계정인 경우 새벽 시간에 작업할 수밖에 없다고 한다. 업무시간이 매번 바뀌기도 하고 소요 시간과 작업방식 또한 불규칙한 작업이지만, 디지털 장의사의 일은 줄어들 기미가 보이지 않는다.

특히 코로나19로 외출을 자제한 최근 1~2년간 의뢰 건수가 대폭 증가했다고 한다. 온라인 커뮤니케이션을 하는 시간이 늘어난 만큼 딥페이크 음란물의 피해자와 가해자가 생겨난 것이다. IT 기술과 네트워크의 발전이 곧 음란물 합성기술의 발전으로 이어지는 추세를 가장 가까이 체감하고 있을 디지털 장의사들. 피해자들과 상담하고 또 삭제해야 할 영상물을 일일이 확인하는 과정에서, 피해자들이 느꼈을 심정이 전해질 때마다 이들은 딥페이크 범죄의 민낯과 마주한다.

김동연 / 디지털 장의사

"아주 안타깝죠. 만약에 제가 피해자라고 생각하면, 제가 실제로 했던 영상이 아닌데 합성이나 딥페이크로 가짜 동영상을 만들어서 유포된다면 저는 되게 억울한 심정에 성적 수치심도 들 것 같고…. 되게 안타까운 감정이 많이 듭니다."

김호진 / 디지털 장의사

"요즘에는 기록들이 남아있기 때문에 그 기록을 바탕으로, 알고 있는 사람이 거기다 기록을 덧대어 또 똑같이 괴롭히는 겁니다. 그러다 보면 계속 폭력이 확대되고 늘어나면서 심하게, 잔인하게 변하는 겁니다."

가짜 뉴스

딥페이크를 활용한 '가짜 뉴스'는 정치적·사회적 혼란을 일으키기도 한다. 마치 사실인 것처럼 유포되며 특정 세력이 이득을 얻기 위한 의도로 퍼뜨리는 거짓 뉴스. 온라인상에서 허위정보를 유포·공유하는 것 또한 보는 이들의 심리를 자극한다. 하지만 정교한 합성 영상과 음성은 마치 실제 인물이 사실을 이야기하는 것 같은 착각을 일으키기 때문에 그 여파가 상당하다.

특히 선거를 앞두고 후보자들을 지지하거나 혹은 깎아내리는 정치인들의 발언은 유권자들에게 혼란을 가중시킬 수 있다. 미국의 경우 2018년부터 딥페이크가 선거전의 위험요소라고 인식하고, 딥페이크의 규제 조치를 논의해 왔으며 일부 법안은 통과됐다. 또한, 미국의 소셜 네트워크 서비스 기업들은 변형되고 조작된 동영상 공유 금지 정책을 발표하기도 했다.

가짜 뉴스를 정치적으로 이용하는 건 국내를 포함해 세계 곳곳에서 심각한 문제로 대두되고 있다. 정치적 음모론을 조장하고 여론을 선동하는 핵심 도구로 딥페이크가 사용되고 있는 것이다.

이승환 / 소프트웨어정책연구소 팀장

"딥페이크 콘텐츠가 만들어진 게 2017년부터 본격적으로 만들어지기 시작하는데, 불법 포르노 콘텐츠를 만드는 영상들이 대부분의 주류를 이뤘습니다. 처음에는 대상들이 국한되어 있었는데 조금씩 시간이 가면서 대상이 바뀌는 겁니다. 정치인, 기업인으로 바뀌고 심지어 지능형 범죄에도 악용되기도 하며 이제는 일반인들에게 악용되는 사례들이 발생하게 됩니다. 세상에 드러나 있는 게 빙산의 일각일 수 있습니다. 저는 이게 굉장히 중요한 문제라고 생각합니다."

우리는 지금 '딥페이크'라고 불리는 인공지능의 결과물, 그 그림자에 관해 알아보고 있다. 아이러니한 건 미래를 이끌 성장 동력으로 손꼽히는 인공지능이 가장 어두운 곳에서부터 대중화되고 있다는 사실이다.

하지만 그림자가 있다면 빛이 분명 존재한다. 먼저 딥페이크를 악용하는 사례를 막기 위한 방법을 알아보려 한다. 눈에는 눈 이에는 이. 딥페이크의 피해를 막을 수 있는 건 바로 인공지능이다.

인공지능 VS. 인공지능

어떤 영상이 진짜이고 어떤 것이 가짜일까?

인공지능이 만들어낸 합성 영상은 구분하기가 쉽지 않다. 사람의 눈으로는 말이다. 만약 인터넷을 떠도는 수많은 합성 영상들을 한 번에 알아볼 수 있다면 우리는 보다 정확한 정보를 가려낼 수 있을 것이다. 때문에 세계는 지금, 딥페이크 탐지 기술에 주목하고 있다.

인공지능의 알고리즘을 잘 알고 이를 전문적으로 개발하는 사람들이 있다. 활용 분야가 무궁무진한 AI의 가치를 누구보다 이해하고 있는 이

들의 손에서 딥페이크 탐지 기술이 개발되고 있다. 양날의 검처럼 순기능과 역기능을 가지고 있는 AI는 손에 쥔 사람의 의도에 따라 성격이 결정되는 것이다. 사실 페이크 포르노와 같은 음란물들은 딥페이크 오픈 소스에 데이터만 입력하는 간단한 조작으로 제작되고 있다. 때문에 인공지능 알고리즘을 다루는 개발자들이 딥페이크 탐지 방법을 찾아내는 건 어쩌면 그리 어려운 일이 아닐지도 모른다. 중요한 건 딥페이크 합성 영상이 모두 나쁜 의도로 제작되는 것이 아니라는 것이다. 역기능을 골라내고 순기능을 수렴한다면, 딥페이크와 이를 감지하는 기술 모두 더욱 가치 있게 사용될 것이라고 전문가들은 말하고 있다.

장세영 / AI콘텐츠 개발업체 대표

"영상 합성기술을 AI로 개발해서 여러 산업 분야에 사용하고 있습니다. 대표적으로 AI 아나운서, AI 선생님 등 다양한 산업 분야에 사용하고 있는데 여러 가지 AI 영상합성 특히 '딥페이크'라고 불리는 기술에 대한 우려를 많이 듣고 있습니다. 그래서 저희는 이런 합성기술과 딥페이크 기술을 개발하는 것과 더불어 딥페이크 기술의 부작용을 방지하기 위해 직접 딥페이크 영상이 진짜인지 가짜인지 탐지할 수 있는 기술을 개발했습니다. 일반 사용자 누구나 영상이 진짜 영상인지 아니면 가짜로 만들어진 딥페이크 영상인지를 그 서비스를 통해 쉽게 동영상만 업로드하면 몇 분 안에 바로 판단할 수가 있습니다."

영상물의 위·변조 여부를 확인할 수 있는 기술. 딥페이크로 인한 사회적 문제가 확산되면서 세계적으로 합성 감지 기술이 개발되고 있다. 국내 또한 그 필요성이 커지며 인공지능 개발자들이 나서고 있다. 이곳의 경우 영상 검증률 99%를 확보하고 있다. 이는 해외의 여러 탐지 기술과 비교해 월등히 높은 수준이다.

가짜를 추적하는 이러한 기술을 가능케 하는 건 바로 '딥러닝(Deep Learning, 신경 회로망을 다층적으로 구성해 스스로 데이터를 학습하고 분류·예측이 가능한 기술)'이다. 자체 수집한 광범위한 데이터 중에서 변조된 영상을 학습한 AI가 스스로 합성의 흔적을 구분해 내는 원리. 얼굴 부분에 표시된 프레임의 색으로 합성된 가짜 인물을 나타낸다.

권용재 / AI콘텐츠 개발업체 연구원

"기본적으로 딥러닝 구조를 사용해서 원본 이미지와 원본에서 변조된 이미지들을 쌍으로 묶어두고 거기에서 여러 가지 디테일, 입 안쪽의 디테일이나 얼굴 윤곽선 쪽의 불일치 등을 모델이 알아서 학습할 수 있도록 계속해서 학습시킵니다. 그래서 최종적으로 학습한 프레임들만 가지고도 딥페이크로 합성된 프레임인지 아닌지를 판단할 수 있게 해주는 기술입니다."

연구진이 주력하고 있는 건 데이터의 확보다. 진짜 영상과 가짜 영상을 포함해 AI가 학습할 데이터들이 많으면 많을수록 변조의 진위를 보다 정확하게 판단할 수 있기 때문이다. 우리나라 사람들의 얼굴 데이터와 동양인의 특징들을 모아 딥페이크 탐지 기술의 정확도를 더욱 높이기 위해 노력하는 이들. 현재까진 기술력과 데이터 확보 면에서 미국이나 중국이 조금 앞선 상황이지만, 한국인의 얼굴 데이터 세트가 구축된다면 우리의 기술이 세계적인 수준으로 올라설 것으로 기대하고 있다.

권용재 / AI콘텐츠 개발업체 연구원

"2017년부터 딥페이크와 관련된 악의적으로 사용된 여러 가지 합성물이나 사진·영상들이 온라인에 유포되면서 자연스럽게 그걸 방지하고자 또는 온라인에 올라왔을 때 이것이 딥페이크인지 아닌지를 확실히 앎으로써 그 피해를 막고자 하는 의미에서 여러 기관이나 개인이 개발하기 시작했습니다. 또 그 일환으로 여러 기업이 관련 경진대회를 주최하면서 해당 기술 발전의 촉진을 지속해서 해왔습니다."

딥페이크의 기술적인 용어는 '페이스 스와프(Face Swap)'이다. 얼굴 부분만 떼어서 다른 몸에 바꿔 붙인다는 의미이다. 동영상의 경우는 합성하려는 사람의 움직이는 얼굴과 각도, 표정 그리고 입 모양이 어색하지 않도록 정교하게 연결하는 작업이 요구된다. 이를 위해선 특별한 장치가 필요하다. 바로 딥페이크를 구성하는 핵심 기술, '생성적 적대 신경망'이다.

GAN(Generative Adversarial Network, 생성적 적대 신경망)은 생성모델

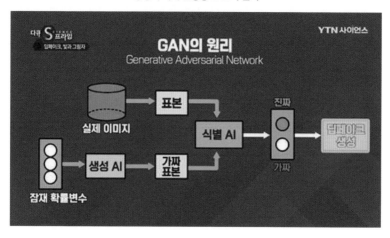

과 식별모델이 공존하는데, 생성모델이 데이터를 기반으로 훈련한 후 가짜 동영상을 만들고 식별모델은 이를 감지한다. 이 두 개의 모델을 학습을 반복하여 서로를 적대적 경쟁자로 인식한다. 식별모델이 가짜 를 감지할 수 없을 때까지 이 둘의 상호작용은 반복된다. 이렇듯 경쟁 과정에서 스스로 학습하고 결과물을 만들어내는 딥러닝 알고리즘이 있기에 판별하기 어려운 수준의 진짜 같은 가짜 영상을 구현해 낼 수 있는 것이다.

이승환 / 소프트웨어정책연구소 팀장

"가짜를 만들어서 진짜인지를 확인하고 이쪽은 '너 이거 가짜인 것 같아'라고 의견을 주면 여기서는 기존에 있던 품질보다 더 품질을 높여서 다시 이쪽으로 피드백을 줍니다. 이런 과정들이 반복되다 보면 이 가짜의 품질이 계속해서 올라가겠죠. 그리고 어느 순간에 판별하는 알고리즘이 '어? 이건 정말 가짜인지 모르겠는데?'라고 하게 되면 콘텐츠가 완성되는 알고리즘 형식인 거죠."

딥러닝 음성합성

딥페이크의 순기능을 꼽는다면 '교육' 분야를 들 수 있다. 교육 콘텐츠를 제작하는 데 있어 딥페이크로 구현한 AI 선생님은 어떠한 글과 그림보다 효과적인 수업을 제공할 수 있다. 영상 속에 등장하는 인물은 실제 모습을 촬영한 여러 데이터로 만든 AI 캐릭터다. 목소리 또한 합성으로 구현한 것이다. 텍스트를 입력하면 실제 인물이 말하듯 자연스럽게 나오는 표정과 목소리는 실시간 대화까지 가능하다. 바로 '대화형 AI'이다.

허윤성 / AI콘텐츠 개발업체 연구원

"딥러닝 음성 합성기술의 가장 큰 장점은, 일단 그 사람의 원래 억양과 말하는 스타일까지도 거의 그대로 복제할 수 있기 때문에 정말 많은 부분에 적용될 수 있다고 생각합니다. 특히 요즘 같은 비대면 시대에 더 주목하는 기술이라고 생각합니다. 예를 들어서 1:1 상담이라든지 교육, 라이브 방송, 상거래 등 전반적으로 적용될 수 있고 요즘 들어 이 기술을 활용해 은행이나 매장의 키오스크에도 도입되고 있는 기술입니다."

딥러닝 음성 합성기술은 영상 부문과 함께 주목받고 있는 분야다. 특히 AI 아나운서는 실제 뉴스를 진행하듯 행동과 표정 그리고 발음까지 자연스럽게 구현할 수 있다. 텍스트만 입력하면 짧은 시간 내 제작이 가능하기 때문에 촬영과 편집에 소요되는 시간과 비용 등을 절감할 수 있다고 한다. 요즘 같은 비대면 시대에 효과적으로 활용할 수 있다.

김한솔 / AI콘텐츠 개발업체 연구원

"뉴스 제작 과정은 굉장히 복잡합니다. 아나운서와 촬영팀이 필요하고 편집할 수 있는 사람도 필요합니다. 하지만 AI 아나운서가 있으면 만약 긴급 속보가 있을 경우 텍스트만 입력하면 바로 뉴스 영상을 제작할 수 있기 때문에, 비용적인 문제나 복잡한 과정 문제 등에서 가장 효율적인 방법이라고 생각했습니다."

딥페이크는 단순히 얼굴만 합성하는 기술이 아니다. 교육, 영화, 방송 등 다양한 분야에 접목될 수 있는 딥러닝 알고리즘은 영상과 음성을 합성하고, 그 감쪽같은 결과물을 통해 새로운 미래를 열고 있다. 관련 기술을 고도화하는 작업. 그 노력들이 지금처럼 이어진다면 딥페이크 순기능을 우리 생활 속에서 곧 체감할 수 있게 될 것이다.

"비대면 시대를 맞이해서 특히나 AI가 할 수 있는 역할이 많아지고 있다고 생각합니다. 저희가 개발하고 있는 인공인간 아티피셜 휴먼(Artificial Human)을 사용해서 비대면으로 상담하거나, 선생님이 되어주거나 아나운서가 되어주거나 하는 등 소통하며 도움을 줄 수도 있습니다. 이런 서비스들을 젊은 우수한 인력들이 모여서 열심히 개발하고 있습니다. 인공인간을 개발하는 와중에 이런 딥페이크 부작용을 막기 위한 여러 가지 탐지 기술의 노력도 같이하고 있습니다."

합성 탐지 인공지능

사진 합성의 경우, 동영상과 비교해 변조된 부분을 찾아내기가 쉽지 않다. 이 중 누군가는 분명 사진을 찍을 당시엔 없었고 후에 합성해 배치된 사람일 것이다. 눈을 크게 뜨고 자세히 보아도 어색함이 느껴지지 않는 사진들. 지금의 합성기술은 사람의 눈을 아주 잘 속일 수 있다는 걸 우리는 이미 알고 있다. 역사가 오래된 사진 위·변조 기술이지만 그 위에는 만만치 않은 탐지 기술이 있다. 사진의 위·변조를 잡아내는 데 사용되는 기술은 무엇일까?

카이캐치(KaiCatch)는 KAIST 이흥규 교수 연구팀이 모바일 앱 형태로 개발한 인공신경망 기반 딥페이크 탐지와 사진 위·변조 탐지 소프트웨어로 변조된 부분을 그대로 드러낸다. 만약 사진을 섬세하게 잘라 붙였다면

KAIST 이흥규 교수 연구팀이 개발한 카이캐치 화면

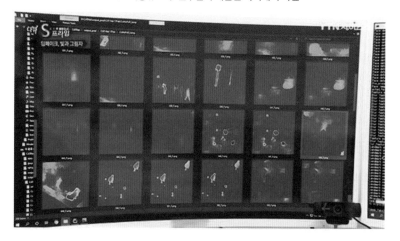

그 풀칠한 부분만 표시한 듯 테두리까지 고스란히 나타난다. 합성된 부분의 왜곡 현상을 소프트웨어가 찾아내는 것이다.

디지털 사진을 변조하려는 흔적들은 다양하다. 자르고 붙이고 복사하거나 크기를 바꾸기도 한다. 이러한 변형의 흔적들을 필수 변이로 정의하고 종합적으로 판단하는 탐지 알고리즘. 결과적으로 변형의 유형을 특정하지 못하는 상태에서도 변형이 발생했는지 판단이 가능하다. 기존 디지털 사진 포렌식 기술의 신뢰도를 향상하고 이를 실용화하기 위한 연구. 사진의 합성 여부를 종합적으로 판단 가능한 이러한 탐지 기술의 중심에도 인공지능이 있다.

권명준 / KAIST 전기 및 전자공학부 박사과정

"카이캐치(KaiCatch)에 들어간 모든 기술은 종단 간 학습되는 심층 신경망 기반의 기술입니다. 이게 무슨 말이냐면, 신경망이 학습 데이터 세트에서 스스로 특징들을 분석해서 학습이 이뤄진다는 뜻입니다. 변형 유형이 명확하게 특정되지 않더라도 스스로 위·변조의 흔적들을 분석해서 학습하기 때문에 유형이 불안정한 경우라도 어느 정도 잘 탐지해 낼 수 있습니다."

이흥규 / KAIST 전산학부 교수

"출처를 모르는 어떤 사진 이미지나 딥페이크 영상을 주면 탐지율이 아주 낮아집니다. 그런데 저희는 조금 더 원천적으로 예를 들어, 사진 위·변조인 경우 무언가를 변형시키면 항상 일어나는 변이가 있습니다. 딥페이크 경우에도 기본적으로 항상 일어나는 변이가 있습니다. 우리가 전혀 알지 못하는 변형 유형 또는 위·변조 유형도 찾아낼 수 있도록 노력하는 소프트웨어입니다."

같은 원리로 딥페이크와 같은 영상의 변조 또한 특정할 수 있다. 이 기술의 핵심은 변형을 탐지하는 동시에 변형된 영역을 추정한다는 점에 있다. 프로그램에 딥페이크 영상을 대입하면 변형된 프레임들이 걸러져 나온다. 픽셀 단위의 미세한 변화를 감지하기 때문에 사람의 손에 의해 수차례 가공된 이미지의 처리 과정을 추적할 수 있다.

사실 사진의 위·변조와 딥페이크는 기술의 접근방식에 차이가 있다. 연구진은 오랜 시간 연구를 이어온 사진 위·변조 탐지 기술에 딥페이크 탐지 기술을 융합해 보다 정확도 높은 기술을 확보하려는 것이다. 이러한 국내 기술력은 세계적인 수준으로, 가까운 미래 다양한 분야에 접목이 가능할 것으로 기대되고 있다.

이흥규 / KAIST 전산학부 교수

"카이캐치는 어떻게 딥페이크를 탐지하냐면 얼굴 주변의 어떤 미세 특이 변화, 얼굴 내부의 미세 특이 변화, 얼굴의 눈, 코, 입 또는 윤곽 등을 탐지해서 이것이 딥페이크 영상인지 아닌지를 판단합니다. 이 분야가 굉장히 응용 분야가 많습니다. 제가 여러 군데 이야기를 들었는데 특히 방송사나 인터넷 언론사의 각종 제보나 영상의 진실 여부를 일차적으로 어느 정도 확인하는 데 도움을 줄 수 있을 것으로 생각됩니다."

부캐 시대, 버추얼 휴먼(Virtual Human)

평소의 내가 아닌 것처럼 새로운 모습이나 캐릭터로 행동하고 싶을 때, 우리는 '부캐'를 활용한다. 부캐란, 게임 용어로 주 계정에서 사용하는 게임 캐릭터 외에 새롭게 만든 또 다른 캐릭터를 의미한다. 지금 우리의 생활 속에서도 부캐 열풍이 불고 있다. 개성을 표현하는 수단으로서 상황에 따라 모습을 바꾸며 삶의 활력을 불어넣는 또 다른 나.

　최근 부캐를 설정하는 데 있어 '딥페이크'가 활발히 사용되고 있다. 가상의 얼굴을 만들고 이를 영상에 합성하는 콘텐츠 제작 스타트업에서 확인해보자. 딥페이크 콘텐츠를 제작하는 일과 이들의 손에서 만들어지고 있는 콘텐츠의 차이가 있다면, 합성된 얼굴이 세상에 존재하는 인물인지 아니면 세상에 없는 가상의 인물인지의 여부이다. 화면 속에 등장하는 캐릭터는 딥페이크의 영상이지만, 누군가의 얼굴을 다른 이의 몸에 합성한 것이 아니라 가상의 얼굴을 사용했다. 바로 버추얼 휴먼(Virtual Human, AI와 첨단 컴퓨터 그래픽 시술을 기반으로 만들어낸 가상 인간)이다. 딥페이크의 정수를 보는 듯한 버추얼 휴먼의 모습은 실제 어딘가에 존재하는 인물처럼 느껴진다. 현실이 아닌 가상의 세계에선 분명 살아 숨 쉬며 네트워크를 통해 재능을 선보이는 인격이다.

오제욱 / 가상얼굴콘텐츠 제작업체 대표

　"온라인상에서 활동하는 또 다른 나의 부캐, 버추얼 부캐라는 콘셉트로 버추얼 휴먼을 기획해서 제작하고 있습니다. 가상의 세계에 존재하는 사람이라고 해석할 수 있는데, 사람과 상호작용을 하는 인격으로 인정받을 수 있는 가상의 존재를 버추얼 휴먼이라고 부릅니다."

　버추얼 휴먼은 딥페이크와 마찬가지로 딥러닝 알고리즘을 통해 구현된다. GAN(Generative Adversarial Network, 생성적 적대 신경망)을 구성하는 생성모델과 식별모델이 서로 적대적 경쟁자로 인식하며, 생성모델이 제공하는 합성 이미지를 식별모델이 가짜로 인식하지 못할 때까지 상호작용을 반복한다. 부캐로 사용할 버추얼 휴먼이라는 특징을 살리기 위해 본체의 얼굴을 촬영한 후, 여기에 여러 명의 얼굴 이미지 합성이 이뤄진다. 이렇게 만든 가상의 인물은 분명 다르지만, 본체의 얼굴과 미묘하게 비슷한 분위기 그리고 주름까지 자연스러운 표정을 구현할 수 있다.

정교한 딥페이크의 결과물 버추얼 휴먼 '루이'

설현우 / 가상얼굴콘텐츠 제작업체 개발자

"저희는 3D 모델링을 사용하지 않고 최근 딥러닝이라는 핵심 기술을 이용해서 버추얼 휴먼을 개발하고 있습니다. 딥페이크는 기존에 있는 것을 그대로 모방해서 새로운 동영상을 만들어낸다면, 여러 명의 인물 데이터를 학습해서 AI가 가상의 이미지 데이터를 제공하는 시스템인 겁니다."

버추얼 휴먼에게 새로운 인격을 심어준다면 어떤 느낌일까? 본캐와 부캐를 자유롭게 사용 가능한 온라인 세상 속에선 자신의 재능을 보다 효율적으로 활용할 수 있다. 자신의 매력을 부각하고 보는 이들의 흥미를 자극할 수 있는 버추얼 휴먼의 가능성. 엔터테인먼트 분야에서 가상 얼굴의 활용은 딥페이크의 또 다른 가치로 주목받고 있다.

오제욱 / 가상얼굴콘텐츠 제작업체 대표

"내가 노래도 잘하고 춤도 잘 추고 말도 잘하고 강의도 잘해서 그것들을 동영상 플랫폼에 다 녹여서 보여주려고 하면, 대중은 오히려 이 캐릭터에 대해서 빠른 인지를 하지 못하고 지나가는 채널로써 정착하지 못 합니다. 부캐는 다양한 나의 모습을 보여주고 싶을 때, 아예 외관까지 바꿔서 연출할 수 있다는 면에서 강점이 있습니다. 오프라인에서 만나지 않아도 많은 경제 활동과 사교 활동이 이뤄지죠. 그래서 전혀 위화감 없이 부캐로 진행할 수 있는 거죠."

보다 사실적이고 오래 보아도 이질감이나 불쾌감이 느껴지지 않는 버추얼 휴먼을 구현해 내기 위해 노력하는 이들. 딥페이크로 만든 가상의 인물은 기술의 발전과 개발자들의 노력이 더해져 점차 우리 생활 깊숙이 들어올 것이다. 처음엔 낯설기도 하고 부정적인 인식이 들 수도 있다. 하지만 진화된 기술이 제공하는 새로운 가능성은 커다란 문화와 트렌드가 되어 많은 것을 변화시키고 있다는 사실에 우리는 관심을 가질 필요가 있다.

오제욱 / 가상얼굴콘텐츠 제작업체 대표

"요즘 멀티 SNS 채널 시대라고 얘기하죠. 사람들이 SNS를 통해 디지털 환경에서 사람들과 소통하는 것이 지극히 자연스럽고 활발해진 시대가 됐습니다. 더 나아가서 언택트 환경이 지속되다 보니까 메타버스(Metaverse, 3차원 가상 세계)가 급격하게 주목받고 있습니다. 그만큼 가상의 얼굴, 좀 더 완벽한 나의 모습을 가진 아바타, 부캐의 수요가 더 두드러지고 있다고 생각합니다."

딥페이크를 둘러싼 수많은 이야기. 사람의 감각을 속이고 절묘한 합성기술은 우리 사회 속에 빛을 비추기도 하고 짙은 그림자를 드리우기도 한다. 중요한 건 딥페이크는 하나의 '도구'라는 것. 어떤 사람이 어떤 의도로 이 도구를 사용할지가 기술이 나아갈 방향을 결정하는 것이다.

이승환 / 소프트웨어정책연구소 팀장

"기술을 올바르게 사용하려는 노력은 국가적인 차원에서도 이루어지고 있습니다. 국가적으로 딥페이크 악용이 문제가 되기 때문에 기업들의 노력, 정부의 정책 그리고 국민의 의식 수준도 초기와는 다르게 계속 성숙해나가기 때문에 새로운 것들을 받아들일 때 이 삼박자가 맞는다면, 어두운 면들을 조금 더 최소화하고 기회가 더 커질 것이라고 저는 보고 있습니다."

전창배 / 한국인공지능윤리협회 이사장

"인공지능 기술은 인간에게 미치는 영향이 다른 기술보다 막대합니다. 우리가 이제 인공지능을 안전하게 개발하고 이용해야 하는데 결국 인공지능을 만들고 사용하는 것도 '인간'이라는 말이죠. 윤리적 의식을 갖고 바르게 만들고 바르게 사용해야 이런 문제들이 생기지 않는 것입니다."

나에게 있어 이 기술로 얻을 수 있는 가장 큰 가치는 무엇일까?
삶의 질을 높이기 위해 나는 이 기술을 어떻게 사용해야 할까?
질문에 대한 해답은 딥페이크를 바라보는 우리의 눈과 두 손에 담겨 있다.

ICT 강국, 또 다른 미래를 그리다

초연결 초지능 초융합의 시대. 알고 보면 우리는 참 엄청난 시대에 살고 있다. 사물들이 스스로 생각하듯 움직이고 기계들은 서로 대화하듯 알아서 정보를 주고받으며, 이러한 기술은 분야의 경계 없이 생활 전반에 적용돼 있다. 현실과 가상의 경계 또한 사라지고 있다. 가상현실에서 이뤄지는 것이 현실에 그대로 반영되는 신기한 세상. 무엇보다 사람의 사고능력을 빼닮은 인공지능 기술은 지금처럼 앞으로도 쭉 우리 생활과 산업 그리고 국가의 힘이 되어줄 것이다. 첨단 ICT를 바탕으로 한 디지털 전환의 시대. 말 그대로 디지털로 전환이 되어가는 중이지만 우리는 충분히 상상만 하던 그 세상에 살고 있다. 그렇다면 앞으로 우리의 자랑스러운 기술력이 나아갈 방향은 과연 무엇일까? 우리가 손에 쥔 ICT의 빛은 이제 앞과 옆 그리고 전방위적으로 나아갈 준비를 하고 있다. 앞으로 실현될 지금과는 또 다른 세상을 확인해 보자.

ICT 인재 양성을 위한 노력

시선을 사로잡는 다양한 디자인과 웬만한 컴퓨팅 기능이 가능한 스마트폰. 우리나라는 스마트폰 세계 시장 점유율 1위를 기록하고 있다. 2019년, 5세대 이동통신 기술인 5G의 상용화 또한 세계 최초로 이루어졌다. 세계에서 가장 스마트폰을 잘 다루는 국민과 세계에서 가장 빠른 차세대 통신망을 전국에 구축한 나라. 대한민국은 코로나19로 인한 팬데믹 위기가 닥치자 경제 위기를 극복하기 위한 'D·N·A 전략'을 가동했다. 우리나라의 최대 강점인 데이터(D), 네트워크(N) 그리고 인공지능(AI)을 통해 지금의 위기를 기회로 삼으려는 것이다. ICT의 전 산업 융합으로 침체한 경제를 되살리고 일자리를 창출하는 디지털 뉴딜. 정부는 2021년 7월 '디지털 뉴딜 2.0'을 발표하며 투자 규모를 2025년까지 약 50조 원으로 확대했다. 디지털 뉴딜의 핵심은 기술력 확보와 인재 양성이다. 특히 주력 기술 분야는 5G를 뛰어넘는 통신기술인 6G의 상용화와 고도자율주행이 가능한 자율주행 자동차 레벨 4의 실현 그리고 비대면 관련 기술을 들 수 있다.

전성배 / 정보통신기획평가원장

"디지털 뉴딜이 성공하기 위해서는 무엇보다 기술력 확보와 인재 양성이 중요할 것 같습니다. 저희는 2021년에만 5,400억 원 정도 기술 개발과 인재 양성을 진행하고 있습니다. 먼저 기술 분야를 보면 6세대 이동통신인 6G라든지 비대면 기술 등을 집중적으로 완성해

예측할 수 없는 미래 사용설명서

야 할 것 같습니다. 인재 양성의 경우는 소프트웨어 중심 대학이나 AI 대학원을 통해서 관련 인재를 양성하도록 노력하고 있습니다."

정부가 이 시대의 인재 양성 요람으로 추가 마련한 것은 바로 AI 대학원이다. 인공지능 기술과 전문 인력의 확보는 AI 영향력과 그 가치만큼 필수적인 일이다. 2019년 시작된 정부의 AI 대학원 사업은 2025년까지 1,700여 명의 AI 전문가를 배출하는 것을 목표로 하고 있다.

홍승표 / 정보통신기획평가원 인재양성단장

"2021년까지 총 10개 대학원을 선정했습니다. 현재 720명의 석·박사 과정의 학생들이 참여하고 있으며, AI 원천기술 중심 맞춤형 커리큘럼과 우수 교원 확보 등 기반을 마련해 대학원당 매년 40여 명 이상의 신입생을 선발해 수준 높은 프로젝트를 수행하는 방식으로 운영하고 있습니다. 이 밖에 민간 AI 전문가의 교수요원 겸직, 해외 기업, 대학과의 글로벌 연구 협력 연계와 대학원 각 연구 성과 공유의 장 마련 등 사업 경쟁력 제고를 위해 지속해서 개선 노력을 시행하고 있습니다."

첨단 전략기술의 지속적인 연구개발과 인재 양성에 관한 노력이 이뤄지고 있는 지금. 이와 동시에 정부가 주목하고 있는 건 ICT를 사회문제 해결을 위한 유용한 도구로 활용할 수 있는지에 대한 여부이다. 이를 위해 '사회문제 해결형 ICT 사업'이 시행되고 있다. 초고령 사회로의 진입을 앞두고 대두되고 있는 노인 문제와 사회적 취약계층의 삶의 질 향상을 위한 ICT 기술 등을 예로 들 수 있다. 정보통신기획평가원에 따르면 2020년 대표성과로 '청각장애인을 위한 아바타 수어 서비스', '전기·가스·수도 검침 데이터 분석을 통한 취약계층 맞춤형 돌봄 서비스', 'AI 기술을 활용한 불법 무선 카메라 탐지 기술' 등을 선정했다. 특히 2021년에는 딥페이크와 같은 신종 디지털 성범죄를 예방하고 대응할 수 있는 ICT 기술을 개발하기 위해 R&D 사업을 추진하고 있다.

2020년 사회문제 해결형 ICT 사업 대표성과

신준우 / 정보통신기획평가원 기술기획단장

"아무리 우수한 기술이라도 실생활에 적용하지 못하면 효용성이 떨

예측할 수 없는 미래 사용설명서

어지게 됩니다. 지금까지는 ICT를 활용한 산업 성장에 초점을 맞춰 기술 개발이 진행됐습니다. 그러나 최근에는 ICT 기술 역할 확대에 집중하고 국민에 도움이 될 수 있는 재난이나 안전 분야 그리고 의료 등 다양한 분야의 사회문제를 해결하고자 2018년부터 사회문제 해결형 연구개발 사업을 추진해오고 있습니다."

사회문제 해결형 ICT 사업 ①치매 선별 및 재활 훈련 기술

사회문제 해결을 위한 특별한 기술을 확인할 수 있는 한국전자통신 연구원을 찾아가 봤다. 조금 낯선 형태의 기기 앞에서 코를 대고 냄새 를 맡는 연구원. 냄새를 맡는 능력을 확인할 수 있는 이 장치는 바로 '치매 선별용 후각 발향 장치'이다. 연구진이 특수 고안한 장치 내부에 는 여러 가지 향이 담긴 카트리지가 내장되어 있다. 치매 선별을 위한 프로그램에 따라 카트리지의 종류와 향을 기기가 정량 분사할 수 있어 서 발향의 농도 제어가 가능하다고 한다. 특히 잔존향을 제거할 수 있 는 기능이 있어 보다 정확하게 후각 기능을 테스트할 수 있다고 한다. 치매를 선별하는 데 있어 후각 기능을 효과적으로 활용하기 위한 연구 진의 성과, 이는 그동안 이루어진 치매 검사 방법의 단점을 한층 보완 할 수 있을 것으로 기대하고 있다.

이해룡 / 한국전자통신연구원 감성상호작용연구실 책임연구원

"기존 치매 선별 도구는 문진 방식으로 이뤄졌습니다. 피검사나 뇌 사진을 찍는 방법이 가장 정확하지만, 우리나라는 고령화에 따라 치매 환자가 증가하고 있기 때문에 치매를 조기에 발견하기 위해 치매 선별 검사를 국내 256개 보건소 내 치매안심센터에서 진행하고 있습니다. 물론 병원에서도 진행되고 있습니다. 치매 선별 방식이 문진 방식이기 때문에 이러한 ICT 기반 기술을 이용해서 조금 더 쉽고 편하게 검사할 수 있는 방법을 제공하려 합니다."

문진 방식과 ICT 기술이 융합된 치매 선별용 후각 발향 장치

그렇다면 후각과 치매는 어떤 관계가 있는 걸까? 치매 환자의 절반 이상을 차지하는 알츠하이머성 치매는 뇌에 베타 아밀로이드(β-amyloid protein)라는 독성 단백질이 쌓여 뇌세포가 파괴되어 나타나는 현상이다. 알츠하이머성 치매의 경우 초기 단계부터 경도인지장애와 함께 후각 기능 저하와 부분 후각 상실 증상이 나타난다. 이러한 증상은 특정 냄새를 감지하고 처리하는 후각신경계와 후각신경세포가 부분적으로 사멸한 것을 원인으로 보고 있다. 2년 먼저 발견할수록 20년이 행복해진다는 치매. 그만큼 조기 발견을 위한 기술이 필요하다. 후각 발향 장치와 같은 하드웨어 소프트웨어의 활용은 고령 시대에 또 다른 가능성을 열어줄 것이다.

이해룡 / 한국전자통신연구원 감성상호작용연구실 책임연구원

"16개의 한국형 향을 도출했고 그중 뻥튀기 향이라든지 사람들이 많이 알 수 있는 고구마, 참기름 향 등을 통해서 사람들이 잘 인식할 수 있는 향들로 구성된 향기를 카트리지에 넣어 총 3단계의 테스트를 합니다. 역치 검사와 식별검사, 인지검사로 나뉘지는데 검사자가 정상 후각을 갖고 있는지, 후각 감퇴가 오고 있는지, 후각이 손실되었는지를 손쉽게 검사할 수 있는 솔루션을 갖고 있습니다."

연구진의 또 다른 성과는 가상현실과 증강현실을 이용한 치매 선별 및 재활 콘텐츠다. 시각 청각 그리고 후각을 자극해 치매 환자들의 퇴

행된 인지 감각 기능을 활성화시키는 것이다. 가상현실의 몰입감과 증강현실의 실제감은 치매 환자에게 감각 정보들을 제공하고 행동과 사고를 복합적으로 일으킨다. 단순히 게임용 장비로 여기던 VR · AR 시스템을 치매 환자 재활 콘텐츠로써 효과적으로 사용할 수 있게 된 것이다.

이해룡 / 한국전자통신연구원 감성상호작용연구실 책임연구원

"뇌 인지 강화 훈련을 위해서는 직접적으로 뇌에 강한 자극을 주는 향기 요법이 상당히 효과가 있는 것으로 파악하고 있습니다. VR·AR 콘텐츠를 통해서 현실 세계를 체험해 볼 수 있고 더 몰입감을 느끼면서 기억을 되살릴 수 있다는 장점이 있습니다. 상대적으로 중장년이자 고령자들이 ICT 기술에 많이 소외된 부분이 있는데, 실제로 ICT 기술이 조금 더 발전하면 더 쉽게 치매 선별 검사를 할 수 있고 즐기면서 빠르게 검사할 수 있는 환경을 제공하고자 개발했습니다."

우리 사회가 직면한 고령화 문제 치매 환자의 증가는 분명 또 다른 사회문제로 대두될 것이다. 때문에 ICT 전문가들이 각계 분야와 융합해 연구를 이어가고 있다. 그만큼 치매 조기 선별과 재활에 활용될 ICT의 역할이 기대된다. 치매 진단 기술과 ICT의 만남. 지금이 한국형 후각 기술을 한 단계 업그레이드하는 기점이 되길 바라본다.

이해룡 / 한국전자통신연구원 감성상호작용연구실 책임연구원

"2040년에는 치매 환자가 2.3배 정도 늘어갈 것으로 예상하고 있습니다. 사실 치매라는 건 검사를 받는 것 자체가 상당히 꺼려지는 일입니다. 미래에는 이러한 후각 ICT 기술을 이용해서 손쉽게 자가 검사할 수 있는 환경을 제공할 것으로 보고 있습니다. 의료 환경이 치료와 진단으로 가는 환경이었다면, 앞으로는 빠르게 발견하고 예방하고 관리하는 식으로 구현하는 데 ICT가 꼭 필요한 기술로 발전할 것으로 전망하고 있습니다."

사회문제 해결형 ICT 사업 ②실감형 소방훈련 콘텐츠

소중한 산림과 재산 그리고 생명을 한순간에 앗아가는 화마. 최근 3년간 코로나19로 인해 가려졌지만 10년간 손에 꼽히는 사회적 재난사고는 바로 산불과 화재이다. 불이 난 현장에 가장 먼저 도착하는 소방대원들은 불길이 치솟는 현장 속으로 들어가 사람들을 구조한다. 이는 고도로 훈련된 이들이기에 가능한 일이다. 그렇다면 화마와 싸우는 소방대원들의 훈련을 돕기 위해 ICT는 어떤 역할을 할 수 있을까?

정체를 알 수 없는 각종 기기가 가득한 이곳은 한국전자통신연구원 VR·AR 콘텐츠 연구실이다. 기기 부품 중에서 화재 진압용 소방 관창이 눈에 띈다. 소방대원들의 필수품들이 자리 잡은 이유, 이곳이 바로 '실감형 소방훈련 시뮬레이터'의 개발 현장이기 때문이다.

실감형 소방훈련 시뮬레이터

양웅연 / 한국전자통신연구원 VR·AR 콘텐츠 연구실 책임연구원

"2017년, 2018년 당시에 사회적으로 큰 화재 사건이 있었습니다. 스포츠센터 화재 사건과 대형 물류창고 화재 사건인데요. 소방관 대원들이 화재 현장에 도착했을 때 긴박한 상황에서 즉각적으로, 순간적으로 판단하고 대응하기 위해서는 훈련 기술이 몸에 배어 있어야 합니다. 기존의 절차 중심의 훈련 방법들은 그런 대응력을 즉각적으로 발휘하기에는 많은 어려움이 있었다고 합니다. 그래서 소방 현장을 실감 나게 재현할 수 있는 가상현실 기술을 활용한다면, ICT 기술로 소방 현장 대응력을 향상할 수 있는 훈련이 가능할 것이라는 동기로 본 연구개발 과제가 시작되었습니다."

예측할 수 없는 미래 사용설명서

연구진이 개발하고 있는 실감형 시뮬레이터는 가상현실에서 화재 현장과 유사한 감각을 느끼며 실제와 같은 훈련을 할 수 있다고 한다. 이를 가능케 하는 요소 중 하나는 손에 쥔 소방 관창이다. 실제와 같은 형태와 구조로 되어 있는 관창을 사용하는데, 현실에서 작동하는 동시에 가상현실 속에도 원하는 방향으로 물 혹은 소화 분말이 분사된다. VR 콘텐츠의 시나리오는 화재 현장에 갇힌 공장 근로자를 무사히 구조해야 하는 미션형으로, 바닥의 경사가 현장 상황에 따라 움직이기 때문에 훈련자는 실제와 같은 지형 감각을 느낄 수 있다. 모션 시뮬레이터 위에서 하는 VR 훈련이지만, 영상 속 모습은 소방대원들이 직접 들어가

실감형 시뮬레이터 가상 화재 현장 훈련

야 할 심각한 화재 현장이라고 생각하면 바라보는 사람 또한 손에 땀을 쥐게 된다. 갇혀있던 근로자를 발견하고 의식과 외상을 확인한 후 현장을 빠져나오면 미션 완료다.

양웅연 / 한국전자통신연구원 VR·AR 콘텐츠 연구실 책임연구원

"소방 현장에서는 이 시스템을 가지고 다양한 장소와 사건의 상황을 훈련하기를 원하기 때문에, 콘텐츠를 쉽게 조작할 수 있는 조작 툴 기술, 훈련 콘텐츠 데이터 구축 기술을 개발해서 다양한 훈련 콘텐츠를 만들 수 있도록 지원하고 있습니다. 마지막으로 소방 현장에서 대원들이 많이 어려워하는 상황 중 하나가 진입할 건물 내부의 화재 발생과 진행 상황을 밖에 있는 지휘관이 파악하기가 굉장히 어렵다는 것입니다. 그래서 저희가 화재 디지털 트윈 기술을 기반으로 건물 내부에서 일어나는 화재 발생과 확산 상황을 원격으로 실시간 모니터링할 수 있는 기술을 개발하고 있습니다. 이로써 소방대원들의 현장 대응력 향상에 도움을 주고자 합니다."

화재 현장에서 가장 중요한 역할을 하는 소방대원들을 위한 훈련 콘텐츠 개발 현장. 실감형 기술은 인체의 감각과 ICT의 융합을 연구하는 분야이다. 연구진은 소방 호흡기와 소방복 등 각종 장비에 열감·냉감 시스템을 구현하고 훈련생의 생체신호를 모니터링하는 기술을 준비하고 있다. 훈련에 사용하는 실감 콘텐츠와 화재 현장을 실시간 반영하는

디지털 트윈 기술이 적극적으로 활용된다면, 안전하게 진압할 수 있게 될 날에 한 걸음 다가서게 될 것이다.

양웅연 / 한국전자통신연구원 VR·AR 콘텐츠 연구실 책임연구원

"ICT 기술은 현실 세계를 그대로 모사해서 가상공간을 통해 시뮬레이션이 가능합니다. 또 현실 공간에 ICT 기술이 어우러져서 현재 상황을 실시간 모니터링하며 중요한 정보를 분석해낼 수 있는 기술입니다. 저희 가상현실 기술뿐만 아니라 다양한 기술들을 활용해서 각종 재난과 안전 사건을 미리 시뮬레이션해 봄으로써 피해가 발생하지 않도록 대비할 수 있는 기술이 개발되고 있습니다. 현장에서 활동하는 소방관과 의료진들이 현장 상황을 즉각 판단하고 골든타임 이내에 어려운 문제를 해결할 수 있도록 도와주는 기술들이 많이 개발되고 있습니다."

ICT의 결정체 자율주행 자동차

이번에는 첨단 ICT의 정수 '자율주행 자동차'에 관해 이야기해 보자. 자율주행 자동차는, 일반적인 주행 상황에서 목적지까지 경로상 부분 자동화 또는 완전 자율주행이 가능한 시스템으로 사람의 조작 없이 스스로 주행한다. 이를 위해선 각종 기술이 요구되는데 사람의 눈 역할을 하는 센서와 카메라 그리고 스캐너를 통해 정보를 습득한다. 두뇌 역할

을 하는 인공지능이 수집된 정보를 분석해 판단한다. 인공지능의 판단 결과는 곧장 하드웨어 제어로 이어진다. 즉, 자율주행 자동차는 기계 스스로 인지·판단·제어가 가능한 ICT의 결정체이다. 때문에 세계 자동차 시장의 최종 목표는 완전 자율주행 단계에 도달하는 것이다.

미국자동차기술협회가 구분한 자율주행 단계를 살펴보면 총 5단계로 나뉜다. 현재까지 세계 시장에 상용화되어 있는 자동차 중 최고 자율주행 단계는 3단계다. 우리 정부는 2027년까지 '자율주행기술개발 혁신사업'에 1조 974억 원을 투입한다. 부처별 R&D 전문기관에 따라 '차량 융합 신기술', 'ICT 융합 신기술', '도로교통 융합 신기술', '서비스 창출', '생태계구축' 이렇게 5대 전략 분야로 추진되며 목표는 레벨 4단계 이상의 상용화다.

SAE 자율주행 레벨 구분

레벨 구분	Level 0	Level 1	Level 2	Level 3	Level 4	Level 5
명칭	無 자율주행	운전자 지원	부분 자율주행	조건부 자율주행	無 자율주행	無 자율주행
운전주시	항시 필수	항시 필수	항시 필수	시스템 요청시	작동구간 내 불필요	전 구간 불필요
자동화 구간	-	특정구간	특정구간	특정구간	특정구간	전 구간

* SAE 미국자동차기술협회

출처: SAE 미국자동차기술협회

예측할 수 없는 미래 사용설명서

대전에 위치한 지능형자동차부품진흥원을 찾아가 보자. 기업이나 기관에서 개발한 자동차 부품의 실 성능을 시험하는 곳으로, 시험 도로에서 주행 테스트하는 차량들이 눈에 띈다. 바로 자율주행 자동차들이다. 이곳 현장에 조금 특별한 점이 있다면, 연구진들이 주목하고 있는 것이 비정형 도로에서도 운행이 가능한 자율주행 자동차라는 점이다.

성명호 / 지능형자동차부품진흥원장

"기본적으로 사회적 약자가 있는 곳은 정형화된 도로가 아닌 차선이 별로 없거나 교차로에 신호등이 없는 뒷골목, 시골길을 예로 들수 있습니다. 이렇게 비정형화된 도로에서 기존에 개발돼 있던 자율주행 기술로는 기술적인 한계를 가지고 있습니다. 그러한 한계를 비정형화된 도로에서도 자율주행 자동차가 주행해서 서비스를 제공할 수 있도록 관련 기술을 개발하는 사업을 하게 됐습니다."

'비정형 도로'란 말 그대로 정형화되지 않은 도로를 의미한다. 평탄한 아스팔트 도로에 반듯한 차선이 그려져 있는 길이 아니라 차선과 신호등이 없거나, 다져지지 않은 시골길과 같은 도로를 비정형 도로라고 한다. 이렇게 도로 인프라와 같은 교통 환경이 정형화되지 않은 도로에서는 자율주행 자동차의 주행이 쉽지 않다. 차선과 장애물을 스스로 인식하는 자율주행 자동차에 수많은 변수가 존재하는 비정형 도로는 넘어야 할 사각지대라고 볼 수 있다. 연구진은 오늘도 어려운 주행 환경에서 보다 정확한 데이터를 차량이 인식할 수 있도록 테스트 주행을 시작한다.

조봉균 / 지능형자동차부품진흥원 전략기획팀장

"실제 비정형 주행 환경에서는 일반 공도에서 찾아볼 수 있는 차선이나 신호등 같은 부분들이 존재하지 않는 경우가 많습니다. 테스트 주행 목적 첫 번째는 차선이 없는 도로에서 실제 이 길이 도로인지, 주행할 수 없는 길인지, 산길인지, 돌이 있는지 등을 파악해서 실제 주행할 수 있는 영역을 정확하게 파악하는 것입니다. 두 번째

비정형 도로에서 자율주행 테스트 주행하는 연구진

예측할 수 없는 미래 사용설명서

는 경운기 운행이나 노루 같은 산짐승 출현 등이 발생하는 농촌지역을 대상 지역으로 삼아서 일반도로에서 볼 수 없는 동물이나 차종들을 객체로 인지하여 멈추거나 회피하는 부분입니다."

차량 외관에 장착된 부품들은 대부분 자율주행에 필요한 카메라와 라이다 그리고 센서들이다. 이 부품들은 차량의 눈이 되어 주행 환경을 데이터화 시키는 역할을 한다. 비정형 도로의 경우 갑작스레 등장하거나 튀어나오는 장애물을 보다 정확히 인지해야 하기 때문에 이러한 장비들을 통해 인공지능 학습 데이터 셋 구축을 위한 도로 정보 수집이 필수적이다. 연구진은 비정형 도로 검증용 차량을 개발하고 이를 HMI(Human Machine Interface, 컴퓨터 시스템과 사용자 간의 인터페이스)를 구축했다. 현장 데이터 수집에 한창인 이들. 전국의 비정형 도로 정보가 수집된다면 자율주행 자동차의 역학은 한층 그 폭이 넓어질 것이다.

김봉섭 / 지능형자동차부품진흥원 연구개발팀장

"AI 기반의 자율주행이 진행되기 위해서는 획득된 데이터 셋을 가지고 학습할 수 있도록 국가적인 데이터 학습 지원과 같은 정책이 필요합니다. 과학기술정보통신부에서 진행하고 있는 데이터 댐 사업이 그런 역할을 할 거로 기대하는 상황입니다. 그 외에 자율주행의 정밀 지도나 자율주행 기술들을 실시간으로 업데이트할 수 있는 기술들이 개발되어야 하는데, 이를 위해서는 통신의 필요성이 매우

크다고 생각합니다. 더불어 실시간 업데이트를 위해서 대규모 데이
터를 전송할 수 있는 클라우드 기술 역시 필요할 거로 생각합니다."

인재 양성을 위한 AI 대학원

ICT의 미래를 준비하고 있는 수원에 위치한 성균관대학교를 찾아가
봤다. 코로나19 여파로 강의실에서 교수님과 학생들이 대면하는 시간
이 매우 아쉬운 요즘, 모처럼 같은 학과 학생들이 한자리에 모였다. 이
들은 모두 AI 대학원의 석·박사 과정을 밟고 있는 학생들이다. 인공지
능 대학원이라는 명칭이 다소 생소하게 느껴지는 이들도 있을 것이다.
AI 분야의 전문 인력을 양성하기 위해서 국가가 지원하는 인공지능 대
학원이다. 그만큼 AI 기술의 확보와 인재 양성에 우리의 미래가 달려있
다는 의미가 깃들어 있다.

이지형 / 성균관대학교 인공지능학과장

"시대적 상황에 따라서 AI라는 기술 분야에 대한 빠른 기술 습득과
연구개발, 효율적인 인력 양성이라는 시대적 요구에 부합하는 학과,
대학원이라고 볼 수 있습니다. AI 공부가 꼭 AI 대학원에서만 가능
한 것은 아니지만, 조금 더 효율적으로 훨씬 던 규모 있게 진행하기
위해서 AI 대학원이 설립되었고 그런 측면에서 충분히 처음의 목적
을 잘 수행하고 있다고 생각합니다."

예측할 수 없는 미래 사용설명서

AI 대학원에서는 조금 더 집중적으로 인공지능에 관한 콘텐츠를 연구할 수 있다. 학생들은 수시로 교수님과 의견을 주고받으며 연구 주제를 완성해 나간다. 2019년 5개 대학에서 시작한 AI 대학원은 현재 10개 대학에서 운영 중이다. 기계학습, 딥러닝 등 총 208개의 AI 교과과정이 개설되어 있다. 교수진은 AI 분야의 전문가들로 구성돼 있으며 학생들의 지원 현황 또한 경쟁률 5 대 1이 넘을 정도로 꾸준히 증가하고 있다고 한다.

홍만수 / 성균관대학교 AI 대학원 석사과정

"하나에 집중화, 특성화되어 있는 것이 가장 큰 차이점이 아닐까 생각합니다. 저희 AI 대학원은 학기마다 교수님이 새로 들어오십니다. 그만큼 계속해서 새로운 지식과 정보가 축적되고 AI 정보가 집중해서 들어오고, 늘어나는 경우가 있어서 공부하기 좋은 환경이라고 생각합니다."

강석규 / 성균관대학교 AI 대학원 박사과정

"저희가 연구 중인 분야가 인공지능 중에서도 새로운 분야입니다. 그러다 보니까 저희가 하는 연구가 곧 첫 연구가 되는 형태라서, 어떻게 보면 굉장한 경쟁력을 갖고 있다고 말할 수 있을 것 같습니다. 앞으로도 계속 발전해 나갈 것이고 저희가 이끌어나가고 있는 분야이다 보니 나름의 자부심을 느끼고 연구하고 있습니다."

국내 최초라는 타이틀이 붙는 만큼 인공지능 대학원을 이끄는 이들에겐 그 기대가 부담으로 다가올 수 있을 것이다. 하지만 지금이 우리나라의 인공지능 분야를 세계 최고 수준으로 끌어올리기 위한 발판임은 분명하다. 학생들의 열정과 교수진의 노력 그리고 국가의 전폭적인 지원이 있기에 '메이드 인 코리아' 인공지능 기술은 곧 결실을 맺을 것이다.

이지형 / 성균관대학교 인공지능학과장

"AI 대학원에 오는 학생들을 보면 일단 학부 다닐 때 전기·전자, 컴퓨터 관련 분야를 전공한 학생들이 많습니다. 이 외에도 일반 공대 학과를 나온 친구들 또는 인문사회계열 학과를 졸업한 친구들도 꽤 있습니다. 대학원이라는 것은 학부 교육을 기반으로 해서 더 상위의 연구 교육을 진행하는 곳이기 때문에 그냥 막연하게 '내가 대학 다닐 때 AI 공부를 못했는데 AI 공부 한번 해볼까?' 이런 마음으로 오는 곳은 아닙니다. 특히 AI라는 것은 지금 시대에는 창의·창조·혁신의 기술이라고 인식되고 있습니다. 인공지능 기술을 활용해서 새로운 것을 창조해 내는, 새로운 가치를 발굴해 내는 그런 사람들이 졸업해서 나가면 좋겠습니다."

예측할 수 없는 미래 사용설명서

인재 양성을 위한 노력, 공공데이터 청년인턴십

우리나라는 ICT 강국으로써 수준 높은 기술력을 갖추고 있다. 우리의 기술이 보다 많은 이들에게 편리함과 혜택으로 돌아갈 수 있도록 노력 또한 이어가고 있다. 하지만 앞으로를 준비하지 않는다면 지금의 기술은 발전을 이어가지 못할 것이다. 이를 위해서는 많은 청년이 ICT 분야에 관심을 갖고 자신들의 미래를 걸 수 있도록 기름진 토양을 만들어줘야 한다. 그 노력의 현장을 살펴보자.

강남의 한 온라인 콘텐츠 제작 현장에서는 온라인 라이브 방송을 위해 관계자와 이야기를 나누는 카이스트(KAIST) 이경상 교수의 모습을 찾아볼 수 있다. 온라인 방송을 통해 카이스트 교수님은 어떤 강의를 하려는지 그 내용이 궁금한데, 핵심 키워드는 바로 '데이터'다.

이경상 / KAIST 문술미래전략대학원 교수

"인간계의 데이터와 5G, AI의 데이터는 다른 성격이 있습니다. 우리가 기본적으로 지식이라는 게 중요하지 않습니까? 지식은 다섯 가지가 있어야 합니다. 수집하고 분석하고, 축적하고 전달해서 활용하는 이 다섯 가지 체계가 잘 이뤄져야 하는데 지금까지 우리 인간계의 데이터는 인간이 만든 데이터를 수집·축적·분석한다는 개념으로 이뤄졌습니다. 그런데 5G 시대, AI 시대가 되면 완전히 다릅니다. 그럼 이 엄청나게 많은 데이터를 누가 의미 있다는 걸 알까요? 이건 쉽지 않습니다."

'팬데믹과 AI의 만남'이라는 주제로, 그 이후의 시대에 우리가 데이터를 어떤 관점으로 바라봐야 하는지에 관한 내용의 강의가 시작된다. 온라인을 통해 실시간 강의를 듣는 이들은 2천7백여 명의 공공데이터 청년인턴들이다. 전국의 공공데이터 청년인턴들을 위한 특별 강의를 이경상 교수님께 요청한 것이다. 전문가에게 듣는 팬데믹 이후의 ICT와 AI, 데이터의 의미 그리고 앞으로 더 주목해야 할 데이터의 역할 등 현실을 반영한 미래 이야기는 듣는 이들에게 흥미롭게 다가올 것 같다.

여기서 이 강의를 듣는 청년인턴들을 수식하는 '공공데이터' 용어에 관해 궁금한 사람이 있을 것이다. 공공데이터(Public Information)란, 공공기관이 어떤 목적을 위해 생성하거나 취득해 관리하는 정보를 의미한다. 공공기관이 만들어내는 모든 자료나 정보는 국민에게 공적 정보

2021년 공공데이터 청년인턴십 사업 특강

예측할 수 없는 미래 사용설명서

로 제공된다. 이와 같은 공공 부문 데이터의 공개는 정부의 투명성을 높이고 국민의 알 권리를 향상시키는 데 활용된다. 한국지능정보사회진흥원에서는, 디지털 뉴딜 사업의 일환으로 '공공데이터 청년인턴십 사업(일경험 수련생)'을 추진하고 있다. 청년 일자리 창출의 폭을 넓히고 공공데이터 개방을 확대하고자 만들어진 사업으로, ICT 분야에 관심을 갖고 있는 이들이라면 공공데이터 인턴십에 관심을 가져도 좋을 것 같다.

문용식 / 한국지능정보사회진흥원장

"공공데이터 청년인턴십 사업은 디지털 뉴딜에 굉장히 중요한 핵심 사업입니다. 디지털 뉴딜은 일자리를 만들고 혁신 성장 토대를 구축하는 두 마리 토끼를 잡는 것입니다. 공공데이터 인턴십 사업을 통해서 8천 명 가까운 청년들이 일자리를 만들었습니다. 그리고 청년들에게 데이터에 관한 경험을 제공하고 기초를 놓아줬습니다. 또 한편으로는 저희가 공공데이터 개방에 관한 연차 계획이 있었는데, 그것을 대규모 재정을 투입하여 데이터 개방도 앞당기고 공공데이터 품질 수준도 높이는 성과가 있었습니다."

이창민 / 한국지능정보사회진흥원 공공데이터활용팀장

"저희가 2020년에 공공데이터 청년인턴십을 처음 시작했습니다. 2020년과 2021년 크게 다르다고 할 수 있는 부분이 청년인턴들의 역량을 강화시킬 수 있는 프로그램들을 운영하고 있다는 점입니다.

작년에는 현장 경험 이외에도 공공데이터 역량을 향상시키는 측면에서 상시 교육 프로그램을 운영하고 있습니다. 또 청년인턴들이 인턴십이 끝난 후에도 추가적으로 성장한 상태에서 교육을 받을 수 있도록 전문 교육도 실시할 계획을 가지고 있습니다."

이번에는 대전에 위치한 빅데이터 분석기업을 찾았다. 이곳에 온 이유는 공공데이터 청년인턴들을 만나기 위해선데, 인턴십을 진행하고 있는 전국 각 기관 및 관련 기업 중에서도 이 회사가 주목받고 있는 이유가 있다. 바로 한 층을 다 차지하고 있는 26명이나 되는 청년인턴들이 근무하고 있기 때문이다. 한꺼번에 대규모 인턴 인력을 수용한 회사는 전국적으로 보기 드문 일이다. 어떤 이유일까?

황은숙 / 빅데이터 분석기업 대표

"공공데이터 인턴십 제도가 행정안전부와 한국지능정보사회진흥원(NIA)에서 2019년부터 시행한 걸로 알고 있습니다. 이 제도를 활용하면 지자체에서는 일자리 창출이라는 효과가 있습니다. 회사에서는 기본적으로 교육된 인턴들이 배정되기 때문에 보다 수월하게 업무를 수행할 수 있다는 장점이 있습니다. 그리고 인턴들에게는 직접적으로 업무 경험을 쌓을 수 있다는 장점이 있습니다."

그렇다면 청년인턴들에겐 어떤 업무가 주어질까? 이들의 역할은 데

예측할 수 없는 미래 사용설명서

이터를 정제하는 것이다. 마치 수확한 벼 이삭 중에서 쭉정이를 골라내고 알짜 낱알만 모아놓듯, 수집된 데이터들 또한 정제 과정이 필요하다고 한다. 기업이 요구하는 순수 데이터를 선별하는 작업이 인턴들에게 주어지는 것이다.

김형근 / 빅데이터 분석기업 본부장

"초반에 수집된 데이터는 데이터로서의 가치가 없다고 보면 됩니다. 로우 데이터(Raw Data, 정보 처리 전 미가공 상태의 자료) 상에서는 데이터의 의미를 찾기 힘듭니다. 쓸모없는 데이터들이 많이 섞여 있다 보니 인턴들이 이를 정제하는 과정에서 데이터가 표준화되고 품질을 높이는 이후 작업 단계에서 데이터의 가치가 높아진다고 보시면 됩니다."

같은 사무실에서 청년인턴의 업무를 하고 있지만 나이도, 학력도, 사회 경험도 차이가 있는 이들. 전공도 서로 다르고 앞으로 하고 싶은 일도 다르지만 이들의 목표는 같다. 경험을 쌓으며 부족한 부분을 채워 넣으려는 것이다. 데이터를 관리하고 처리하는 능력을 실제 업무 환경에서 익혀볼 수 있는 기회이기도 합니다.

박민성 / 공공데이터 청년인턴

"저희가 데이터를 전달받았을 때 아무래도 로우 데이터이다 보니까 애매한 데이터라든지, 어떤 섹터로 분류해야 하는지에 대한 부분이 있습니다. 애매한 부분 같은 경우는 현업에 계시는 분들의 피드백을 받아서 진행하고 있어서 큰 무리 없이 진행하고 있습니다."

주어진 일을 하다가 문제가 발생한다면 업무 담당자에게 문제 상황을 보고하고 피드백을 받는다. 시간과의 싸움인 작업이기 때문에 실질적인 문제 해결을 위한 노하우를 배울 수 있는 현장. 청년인턴들은 빠르게 업무 능력을 높이며 다음 스텝을 준비한다. 인턴들이 숙련도가 높아질수록 업무 효율이 빨라지기 때문에 기업 측에서는 이들의 교육에 더욱 심혈을 기울인다. 결국 서로에게 보완이 되는 관계가 형성되는 것이다.

김 민 / 빅데이터 분석기업 본부장

"청년인턴들이 하는 업무들이 저희에겐 정말로 중요한 작업이고 시간이 많이 필요한 작업입니다. 청년인턴들이 안 오셨으면 기간 내 이런 일들을 할 수가 없습니다. 그래서 너무 감사하게 생각하고 있고, 저희가 지원할 수 있는 부분은 최대한 지원해서 이 사업을 성공적으로 수행할 수 있도록 수직 관계가 아닌 파트너 형태로 하고 있습니다. 청년인턴들도 저희의 일을 조금이라도 간접 경험할 수 있게끔 노력을 많이 하고 있습니다."

예측할 수 없는 미래 사용설명서

박관용 / 공공데이터 청년인턴

"저는 IT 계열 쪽 학교를 나오고 취업도 IT 계열로 준비하고 있는데, 확실히 이렇게 경험해 보니까 학교에서 배우면서 이건 할 수 있겠다고 생각한 것들이 막상 현장에 와서 해보니 쉽지 않았습니다. 그런 부분이 어려움이 있었고 차근차근해 보니까 일이 하나씩 풀려나가는 것에 재미가 느껴졌습니다."

정그림 / 공공데이터 청년인턴

"사회복지 분야에서 일을 하다 보니까 아무래도 복지 사각지대에 있거나, 니즈를 파악하는 데 데이터가 필수적으로 필요하다는 생각이 들었습니다. 이것을 활용할 줄 아는 사회과학 분야에서 일하고 싶습니다."

공공데이터 청년인턴십 그 이후

취업을 준비하는 이들에게는 원하는 기업에 입사하는 것이 가장 큰 기쁨일 것이다. 특히 이름 있는 IT 계열 회사는 관련 전공을 한 청년들에게 있어 가장 선호하는 직장이다. IT 전문가들로 구성된 서울의 한 공공기관 업무 시스템 관리 기업에서는 공공행정 시스템을 구축하는 일을 하고 있다. 벌써 문을 연 지 23년이 됐다고 한다.

김숙희 / 공공기관 업무 시스템 관리 기업 대표

"1998년 IMF가 한창일 때 4명과 시작했는데 그때는 전자정보라는 용어가 없을 때였습니다. 당시에는 대부분의 기업이 민간사업 위주로 하고 있었고, 공공기관을 상대로 하는 사업 자체가 없었기 때문에 저희가 초창기에 시작하게 됐습니다. 그때 이미 국가 데이터는 국가 소유였었는데, 지금 비로소 국가 데이터가 우리나라의 경제나 모든 분야에서 데이터가 얼마나 중요한지 진가가 나타나는 시대가 된 것입니다."

1세대 IT 기업의 업무 현장은 키보드 소리만 들릴 정도로 모두 일에 집중하고 있다. 이곳에서 익숙한 경력을 지닌 한 직원을 찾을 수 있었다. 공공데이터 청년인턴 출신 장연주 씨다. 입사한 지 8개월 차 신입사원인 그녀는 이 회사에서 어떤 일을 담당하고 있을까?

장연주 / 공공기관 업무 시스템 관리 기업 사원

"제가 공공데이터 인턴으로 들어와서 공공서비스 쪽 관련한 일을 하고 있습니다. 행정정보공동이용센터에 정보들을 유통해주는 허브포털이란 사이트가 있습니다. 그 사이트의 유지·보수관리를 하고 있습니다."

회사의 구성원으로서 제 역할을 톡톡히 해내고 있는 연주 씨. 편안한

예측할 수 없는 미래 사용설명서

마음으로 동료들과 함께 안정적으로 일을 할 수 있는 건, 회사의 업무 환경이 자신에게 맞는지 고민할 시간이 충분히 있었기 때문이라고 한다. 이곳에서 경험했던 공공데이터 청년인턴 과정이 있었기에 새로운 진로를 찾을 수 있었다고 말하는 그녀. 6개월의 청년인턴 기간은 연주 씨에게도, 사원으로써의 가능성을 찾는 기업의 입장에서도 의미 있는 시간이었을 것이다.

김 철 / 공공기관 업무 시스템 관리 기업 부사장

"작년에 42명이 공공데이터 청년인턴십에 참여해서 과정을 거쳤습니다. 그 과정을 거치면서 몇몇 친구들은 단순히 아르바이트로 생각하고 업무에 임했다면, 장연주 씨를 포함한 몇몇 친구들은 일을 배우려는 자세와 IT 인으로서 성장하고 싶어 하는 태도를 보였습니다. 그런 부분에서 가능성을 보고 채용하게 됐습니다. 채용하고 나서 장연주 씨도 마찬가지로 공식적인 우리 회사 인턴십 과정을 3개월 거친 후 정직원이 되었습니다."

또래의 고민과 목표가 비슷하듯 연주 씨 또한 처음엔 친구들이 향하는 게임회사를 염두에 두었다고 한다. 컴퓨터공학을 전공한 그녀는 굳이 공공데이터 인턴과정을 신청한 건 선택의 폭을 넓히기 위해서였다. 그리고 공공데이터 분야의 가능성을 알게 됐다. 적성에 맞는 일을 찾기란 어려운 일이지만 연주 씨가 선택한 지금의 일은 꼼꼼하고 세심한 그녀의 성격과 딱 맞는 것 같다.

장연주 / 공공기관 업무 시스템 관리 기업 사원

"전공자냐 비전공자냐에 따라 다를 것 같습니다. 요즘에는 비전공자인데도 IT 쪽으로 오고 싶어 하는 분들도 있고, 전공자인데 대부분 게임 쪽을 생각하지만 공공데이터 쪽도 한번 가보고 싶다면 이번 기회에 참여해서 어떤 건지 느껴보는 게 중요할 것 같습니다. 왜냐하면 고용디딤돌의 취지처럼, 공공데이터 인턴과정을 해보다가 안 맞으면 내 적성은 여기가 아니란 걸 경험할 수 있습니다. 그런 경험을 느껴보고 나한테 맞는 길인지 선택하는 건 그다음이 되었으면 좋겠습니다."

ICT 분야의 발전과 지속가능성은 청년들의 선택에 달려있다. 직업이란 한 사람의 미래가 걸려있는 만큼 신중하게 자신의 흥미와 적성을 고려해야 한다. 진로를 고민하는 이들에게 국가와 기업이 경험의 장을 마련해 주는 것 또한 매우 중요한 일일 것이다. 그것이 디지털 빅뱅 시대를 이끌어갈 인재들을 더 많이 키워낼 수 있는 비결이 아닐까?

앞으로 우리가 살아갈 세상은 분명 달라질 것이다. 사람과 마주하지 않아도 소통이 가능하고, 사회적 약자들도 첨단 기술의 혜택을 누리며, 진화된 인공지능과 통신 기술을 바탕으로 구축된 시스템은 우리 사회를 보다 안전하고 스마트하게 바꾸어 놓을 것이다. 이를 위한 조건이 있다면, 지금의 기술력을 이어갈 인재란 무엇인지 모두가 고민할 필요가 있다는 것이다.

문용식 / 한국지능정보사회진흥원장

"국가에서 교육을 정비해야 합니다. 초·중·고에서부터 컴퓨터 관련 교육 시간도 늘리고, 대학교에서도 인공지능과 소프트웨어 개발 관련 전공학과 정원도 대폭 늘려야 합니다. 전문가로 성장할 수 있는 기회를 많이 제공해 주는 것이 굉장히 중요한 국가의 역할이라고 생각합니다."

충분히 누리면서도 끊임없이 발전시켜 나가려는 ICT, 그 이유는 무엇일까? 아는 만큼 보이듯 그 존재의 의미를 이해한다면, ICT는 곧 사람과 사람의 미래를 위한 기술이라는 걸 분명 깨닫게 될 것이다.

언택트 쇼핑, 라이브 커머스의 세계

언택트 소비의 핵심! 전 세계 연간 40조 원 시장! 시간과 장소의 제약 없이 언제 어디서나 물건을 사고팔 수 있는 '라이브 커머스'가 유통산업의 판도를 바꾸고 있다. 스마트폰 켜고 보고 그리고 산다, 모바일 쇼핑을 원하는 집콕족을 위하여!

한국과 중국의 라이브 커머스

중국 보따리상이 줄고 코로나19까지 더해져 최대의 위기를 맞았던 국내 패션의 심장 동대문. 최근 모바일 쇼핑의 새 중심지로 떠오르며 다시 활기를 찾고 있다. 인터넷 불모지였던 동대문 도매시장의 변신! 그 동력이 된 새바람을 직접 확인하기 위해 밤 시장을 찾았다. 저녁 8시, 동대문 의류 상인들의 일과가 시작되는 시간이다. 매장에는 이미 살랑살랑 봄이 찾아왔고, 쏟아져 나오는 간절기 상품으로 분주하다.

예측할 수 없는 미래 사용설명서

직원들의 손길이 바쁜 그 시각, 스마트폰으로 라이브 방송을 켜고 등장하는 중국인들이 모이기 시작한다. 우리나라로 치면 쇼호스트, 유튜버, 인플루언서 그리고 BJ 역할을 모두 담당하는 사람들이라고 할 수 있다. 중국에서는 이들을 '왕훙'으로 부르며 중국의 소비를 이끄는 새 주역으로 급부상하고 있다. 채팅창에 쏟아지는 시청자의 질문과 거기에 맞춰 움직이는 출연진들, 예정에 없던 특가 이벤트까지. 작은 스마트폰 화면에 전례 없던 장면이 펼쳐진다. 화면 속 결제창을 누르면 순식간에 결제가 진행되는 이것의 정체! 라이브(Live)와 e-커머스(e-commerce)를 합친 신조어로 웹, 애플리케이션 등의 플랫폼을 통해 실시간 동영상 스트리밍으로 상품을 판매하는 방식의 '라이브 커머스'이다.

'왕훙'의 활약이 폭발하면서 그들의 진출이 다시금 동대문을 들썩이게 했고, 우리나라도 최근 2년 사이 라이브 커머스 시장이 하나의 트렌

라이브 커머스를 통해 상품을 판매하는 왕훙

드로 자리 잡아가고 있다.

류영광 / 중국 라이브 커머스 판매자

"타오바오(중국 쇼핑 플랫폼)에서 방송되고 있습니다. 요즘엔 대부분의 사람이 매장에 직접 가서 사는 것보다 집에서 쉽게 타오바오 방송으로 살 수 있으니까, 라이브 커머스를 통해 많이 구매하는 것 같습니다. 때문에 발전 가능성이 아주 크다고 생각합니다."

안녕하세요. 저는 인공지능 리포터 '사만다'예요. 반나서 반가워요. 현재 라이브 커머스 시장의 움직임이 어떤 상황인가요?

김병규 / 연세대학교 경영학과 교수
지금 라이브 커머스 시장이 굉장히 빠르게 성장하고 있는데 중국을 중심으로 빠르게 성장하고 있습니다. 중국의 경우는 최대 규모의 온라인 플랫폼인 타오바오가 라이브 커머스를 시작한 게 2016년입니다. 2020년 라이브 커머스 시청 지수가 5억 명 이상으로 추정됩니다. 그래서 현재 상황으로는 중국에서 굉장한 바람이 불고 있고, 또 한국에도 곧 본격적으로 라이브 커머스 시대가 올 것으로 예상하고 있습니다.

2020년, 전 세계에서 가장 주목한 키워드는 바로 '언택트(Untact, 비대면)'이다. 포스트 코로나 시대가 되면서 소비 형태가 더욱더 오프라인에서 온라인으로 치중되고 있다. 그로 인해 e-커머스 시장이 놀라운

속도로 발전하고 있다. 중국에서 가장 먼저 라이브 커머스 플랫폼을 선보인 '타오바오'는 현재 중국 라이브 커머스 시장 점유율의 절반을 독차지하며 고속 성장을 이어가고 있다.

예나 지금이나 시대의 변화는 기업이 새로운 유통시장을 개척할 수 있는 기회가 되고 있다. 단순한 구매 활동보다는 재미와 간접 경험을 선호하는 MZ 세대가 소비의 주축으로 떠오르면서 라이브 방송과의 케미가 이뤄지고 있다. 특히 동영상 서비스를 가장 많이 이용하는 20~40대를 공략하고 이 이용자들을 전자상거래 결제 시스템으로 묶어두는, 이른바 '락인(Lock-in)' 효과도 한몫했다는 평가다. 그 결과로 중국의 라이브 커머스 시장은 2017년, 6조 2,500억 원의 규모에서 3~4년 새 30배 이상에 달하는 수익을 창출하게 됐다.

자료: 한국정보화진흥원

자료: 중국 국가통계국, 알리바바 연구원

　그리고 그 중심에 있는 '왕훙'들의 영향력으로 '왕훙 경제'라는 신조어가 생기기도 했다. 타오바오에서 라이브 커머스 쇼호스트로 활동하며 일명 '걸어 다니는 1인 기업'이라 불리는 '웨이야'! 그녀는 2020년 6개월간 벌어들인 매출만 225억 위안 한화로 약 3조 9천억 원에 이른다. 팔린 물건을 개수로 따지면 1억 6천만 개에 달한다고 한다. 중국의 한 자동차 회사에서 진행한 방송에서는, 7분 만에 1,700대가 넘는 자동차를 판매하기도 했다고 한다.

　왕훙의 영역은 쇼호스트나 연예인에서 그치지 않는다. 최근엔 알리바바의 마윈과 유명 기업인들이 직접 출연하면서 유통 방송의 틀을 깨고 있다. 중국의 대형 온라인 여행사의 창업자인 량젠장 회장은 여행지 소개와 더불어 호텔 숙박권과 관광 상품을 직접 판매하며, 방송 회당 평균 한화 약 68억 원을 기록했다고 한다.

　　　　　　　　　　　　　　　예측할 수 없는 미래 사용설명서

김병규 / 연세대학교 경영학과 교수

"일단은 사람들이 라이브 커머스를 이용하는 것 자체가 가장 좋은 제품을 내가 찾아야 하겠다는 목적으로 이용하는 것은 아닙니다. 그럴 때는 직접 온라인 플랫폼에서 검색하고 찾아내겠죠. 시장 자체가 판매자(진행자) 중심의 시장이기 때문에 어떤 진행자가 인기가 있고 어떤 특징이 있는지 그것을 보는 게 중요합니다. 사실 프로모션을 제공하고 마케팅하는 것보다 더 중요한 건 고객과 관계를 구축하는 것입니다. 결국 사람들은 진행자를 보고 제품을 구매하는 것이기 때문에 상호작용을 통해서, 그리고 소비자들에게 신뢰를 얻어냄으로써 관계를 형성하는 게 라이브 커머스에 있어서는 가장 중요한 부분입니다."

이처럼 중국에서는 소비자들이 왕훙에 무한 신뢰를 갖고 시장을 무섭게 화장하고 있는 가운데, 그렇다면 우리나라의 분위기는 어떨까? 한국의 라이브 커머스 시장은 지난 2020부터 막 태동기를 겪기 시작했다. 이용자의 충성도가 높은 대형 기업들과 스타트업 플랫폼 회사들이 독자적인 라이브 커머스 채널을 론칭하여 각축전을 벌이고 있다. 2020년, 라이브 커머스가 전체 전자상거래 시장의 1.9%인 3조 원을 넘기며 전문가들은 2023년까지 고속 성장할 것으로 전망하고 있다.

2020년, 쇼핑 라이브 채널을 시작한 카**톡 회사의 상황을 잠시 살펴보자. 첫 방송이었던 소 곱창 판매액이 방송 전 대비 거래액의 약

출처: 이베스트투자증권

1,000%를 뛰어넘으며 서비스를 출시한 지 1년이 채 되지 않았음에도 불구하고 누적 시청이 2천만 회를 돌파했다.

심윤보 / 라이브 커머스 플랫폼 업체 K사 라이브콘텐츠파트 PD

"최근 사람들은 아무래도 검색과 멀티에 능합니다. 라이브 커머스를 시청하면서 틀린 정보를 찾아내고 가격 비교를 하는 것에 되게 익숙한 세대이기 때문에, 그분들에 맞춰서 저희가 라이브를 진행하려면 실시간으로 돌아오는 반응을 체크할 수밖에 없습니다. 결국 저희도 큰 책임감을 가지고 보다 정확한 정보를 전달해야 하는 게 있는 것 같습니다. 이런 과정이 계속 반복되다 보면 서로가 신뢰를 가지고 쇼핑을 시청하고 구매까지 이어질 수 있는 형태가 되지 않을까 생각하고 있습니다."

박예림 / 라이브 커머스 플랫폼 업체 K사 라이브콘텐츠파트 PD

"고객들이 실시간 댓글로 참여해 주시니까 그 부분들을 실제 방송에 반영하면서 기획이 완전히 바뀌기도 하고 방향성이 달라지는 경우들도 있습니다. 이렇게 고객들과 실시간으로 소통할 수 있다는게 라이브 커머스의 큰 장점이지 않을까 싶습니다."

한국판 라이브 커머스

중국에 비해 비교적 짧은 시간이었음에도 불구하고 라이브 커머스 시장이 빠르게 자리 잡고 있는 우리나라. 새로운 채널을 개척하는 데 주저할 이유가 없는 상황 속에서 인프라가 탄탄한 대기업들은 앞다투어 판을 키우고 있고 그 결과는 엄청난 매출로 돌아오고 있다. 하지만 소상공인의 사정은 다르다. 풍부한 자본과 기술을 보유한 강호들 틈에 발을 들이는 것조차 녹록지 않은 상황이다. 하루가 다르게 변화하는 유통 환경 속에서 소상공인도 발맞춰 갈 수 있도록 체계적인 시스템과 정책이 필요해 보인다. 그리고 그 발판을 마련하기 위해 정부가 나섰다. 지난 2020년 6월, 코로나19로 위축된 소비를 촉진하기 위해 개최한 온오프라인 할인 축제 '대한민국 동행세일'. 이를 주관했던 중소기업유통센터가 소상공인을 위한 라이브 커머스 플랫폼 〈가치삽시다〉를 구축하며 지속적인 디지털 판로 지원에 나선 것이다.

이를 확인해 보기 위해 서울시 중구에 자리한 한 스튜디오를 찾았다.

스튜디오 안으로 들어서자 커다란 주방이 눈길을 끈다. 중소기업유통센터가 소상공인의 판로 개척에 도움을 주고자 한 민간채널과 협업하여 라이브 방송을 제작하고 있다. 생방송 시작 2분 전, TV 방송 못지않게 긴장감마저 감도는 분위기. 판매할 제품은 카레와 갈비! 음식을 맛깔나게 소개하기 위해서는 어떤 전략이 필요할까?

김기환 / 쇼핑호스트

"아무래도 이번에는 식품 방송이다 보니까 무엇보다도 보시는 분들이 맛있게 보실 수 있게끔 먹는 것에 초점을 맞춰서 할 텐데, 일단 제 입을 보시면 아시겠지만 구강구조가 약간 전원주택입니다. 굉장히 크죠? 그래서 좀 맛있게 먹는 것에 포커스를 두려 합니다."

드디어 생방송이 시작되고 노래와 율동으로 분위기를 확 끌어올린 다음, 본격적으로 판매할 제품 소개에 들어간다. 두 제품 모두 민간 쇼핑몰에도 입점해 있긴 하지만, 대기업에 비해 광고노출이 쉽지 않아 적극적인 홍보가 절실한 상황이다. 하단에 쏟아지는 하트 홍수만큼 올라가는 매출! 이처럼 라이브 커머스 방송은 TV 홈쇼핑이나 온라인 쇼핑과는 달리 소비자들의 반응을 즉각적으로 확인할 수 있기 때문에 셀러 역시 상황에 따라 판매 전략을 유연하게 바꿀 수 있다.

실시간으로 소비자의 반응 확인할 수 있는 라이브 커머스

최슬기 / 쇼핑호스트

"라이브 커머스는 브랜드와 어떤 상황에 의해 바뀌는지가 되게 다양합니다. 채팅 참여자(소비자) 수가 정말 많을 때는 업체에서 전달하고 싶어 하는 메시지라든지 방송 혜택에 조금 더 집중하는 편입니다. 반면 참여자가 적을 때는 더 집중해서 소통하고 어떤 니즈가 있는지 더 깊게 들여다보면서 공략하는 느낌으로 바꿔서 진행할 때도 있습니다."

카레 주문량이 폭발하는 그 시각 주방에서는 두 번째 상품을 준비하고 있다. 신선하고 먹음직스럽게 보이도록 세팅이 완료되면, 진행자들은 또 한 번 소비자들에게 불을 지필 준비를 한다. 소상공인과 소비자

모두에게 가치 있는 거래가 될 수 있도록 해주는 새로운 판매 통로 라이브 커머스. 인프라의 한계로 전진하지 못하는 많은 소상공인에게 라이브 커머스가 탄탄대로가 되어주길 바라본다.

김현성 / 중소기업유통센터 소상공인디지털본부 이사

"라이브 커머스라는 새로운 유통 채널이 소상공인들에게 아주 가볍게 전달됐으면 좋겠습니다. 새로운 어떤 거대하고 어렵고 무서운 것이 아니라 조금 만만한 새로운 채널이 생겼다고 생각하셨으면 좋겠습니다. 그동안 유통 진입의 허들이 높았다면 내가 가지고 있는 자원 즉, 모바일이나 가벼운 기구를 통해서 내가 직접 소비자를 상대할 수 있다는 것. 과거에 소상공인들에게는 유통과 판로, 마케팅이 상당히 많은 비용이란 애로사항이 있었습니다. 하지만 이 라이브 커머스라는 새로운 유통 채널이 생기면서 소상공인들이 직접 소비자를 대할 수 있는 기회가 생긴 것이죠. 이를 통해서 소상공인들에게 새로운 기회가 될 수 있도록 적극적으로 보여주고 따라서 이 디지털 경제로의 전환을 계획하는 소상공인들에게 어떤 큰길을 만들어주는 역할을 하고자 했습니다."

우리나라 유통산업의 변천사

'장 보러 간다'라는 말, 최근 언제 사용해 보았는가? 물건을 사야 한다면 직접 시장이나 슈퍼마켓에 가서 눈으로 보고, 손으로 만져보고, 신선도를 확인하고, 상인에게 궁금한 걸 물어보는 등 여러 과정을 꼼꼼히 거친 뒤에야 비로소 구매하던 시절이 있었다. 그땐 그게 당연하다고 생각했다. 하지만 1990년대 초 우리나라의 소매시장 구조는 격변기를 맞이하게 됐다. 바로 대형 할인마트가 등장했기 때문이다. 집마다 냉장고가 보급되고 여성의 경제 활동이 늘어나면서 식료품을 대량 구매하기 시작한 것이다. 그런데 요새는 할인마트 이용률마저 줄어들며 간접적인 정보만으로 물건을 구매하는 사람들이 늘고 있다. 이제 사람들은 스마트폰 없이 살 수 없는 세상이 된 것일까? 국내 유통산업은 지금까지 어떻게 변화했을까?

최지혜 / 서울대학교 소비트렌드분석센터 연구위원

"1993년도에 대형마트가 한국에 들어왔고 그 이후에는 홀세일(wholesale, 도매) 마켓이 등장하기 시작했습니다. 거기서 더 진화해서 최근에는 주변에서 많이 보이는 편의점과 같은 오프라인 매장이 많이 증가했습니다. 두 번째로 1995년도에 TV 홈쇼핑이 한국에 처음 도입되었습니다. 그 역시 굉장히 오래된 일은 아니라는 이야기입니다. 또 더 나아가서 인플루언서나 연예인과 같은 스타들이 마케팅하고 판매하는 스타 마케팅에서 더 진화해 PB상품(Private Brand Goods, 백화점·슈퍼마켓 등 대형소매상이 독자적으로 개발한 브랜드 상품)도 요즘 굉장히 많은 공을 들이고 있습니다. TV로만 할 수 없다는 생각을 많이 하는 것 같습니다. 왜냐하면 요즘 TV를 보는 젊은 사람이 줄어들고 있습니다. TV 매체 급감으로 인해 TV 홈쇼핑 업계에서도 모바일 중심으로 하는 모바일 라이브 방송에 조금 더 힘을 쏟는 것 같습니다."

소매시장이 급변하고 여성의 경제 활동 역시 증가하는 요즘, 최근 라이브 커머스의 매력에 빠져있는 한 주부를 만나봤다. 30대 중반의 두 아이를 키우고 있는 지현 씨는 얼마 전부터 일을 다시 시작했다. 여느 워킹맘들이 그렇듯 퇴근 후에도 밀려있던 집안일을 하느라 몇 시간이 훌쩍 지나가고 말았다. 꿀맛 같은 휴식 시간에 지현 씨가 가장 먼저 하는 것은, 전날 알람을 설정해뒀던 라이브 커머스 방송을 켜는 것! 원하는 방송만 골라볼 수 있다는 점이 가장 좋았다고 한다.

김지현 / 라이브 커머스 애용자

"방송에서 어떤 연예인의 아내가 뭐를 판매한다고 했는데 그 제품이 제가 평소 사려고 했던 품목이었습니다. 그래서 애플리케이션을 설치하고 라이브 방송을 보다 보니 밤에 배고플 시간에 먹을 게 자꾸 나오더라고요. 그래서 먹을거리도 많이 보고 있습니다. 처음에 구매했던 게 화장품 쿠션이었는데, 어떤 제품이 좋을까 계속 고민하는 와중에 모 연예인이 판매하신다고 해서 사야겠다고 생각하고 구매했던 경험이 있습니다."

예측할 수 없는 미래 사용설명서

평소 엄마와 쇼핑하는 것을 좋아했지만 코로나로 외출이 어려워지자 많이 아쉬워하고 있다는 지현 씨 모녀. 라이브 커머스 덕에 안전하게 집에서 대리만족할 수 있게 되어 요즘 알콩달콩 쇼핑을 즐긴다고 한다.

김지현 / 라이브 커머스 애용자

"지금은 제가 채팅도 할 수 있고 실시간으로 볼 수 있잖아요. 그래서 진행자 역을 하는 연예인과 직접 대화하는 느낌도 나고, 궁금한 것도 바로 답변받을 수 있어서 좋은 것 같습니다."

다시 사만다예요.
감정이 없는 저로선 이해할 수 없지만, 사람들은 라이브 방송에서 어떤 감정을 느끼나요?

김병규 / 연세대학교 경영학과 교수
원래 소비자들에게 쾌락적 동기를 만족시켜주는 데 있어 가장 중요한 역할을 했던 게 매장입니다. 매장에 가서 사람들이 제품을 구경하고 돌아다니고 하는 게 큰 즐거움입니다. 그래서 우리가 대형마트 구경 다니고 백화점 구경 다니고 하는 것들이 다 즐거움을 주는 일이었습니다. 그런데 최근 제품들이 다 비슷비슷해졌다는 게 문제가 되고 있습니다. 제품들이 '차별화'가 안 되는 것이죠. 그래서 소비자가 매장에 가도 제품 자체가 차별화가 없어서 흥미를 느끼지 못하는 것입니다. 게다가 코로나19로 인해서 사람들이 오프라인 매장도 가기 어렵게 됐습니다. 두 번째는 '관계성'인데, 사람들은 관계에 대한 욕구가 있습니다. 미래가 불안할수록 사람들은 친밀하고 따뜻한 관계에 대한 욕구가 강해집니다.

라이브 커머스는 단순히 제품을 구매하는 게 아니고 진행자와 상호작용하는 것입니다. 사람들이 갖고 있는 관계에 대한 욕구를 굉장히 잘 만족시켜주기 때문에 라이브 커머스가 뜨고 있다고 볼 수 있습니다.

쾌락성…. 그거 궁금하군요.
그럼 소비자의 심리와 트렌드를 분석하는 박사님은 라이브 커머스의 폭발을 예상하셨나요?

최지혜 / 서울대학교 소비트렌드분석센터 연구위원
언택트라는 말을 서울대학교 소비트렌드분석센터에서 처음 만든 말이었는데 2018년도에 나온 키워드입니다. 그때는 우리가 코로나가 올 거라 예상하지 못했던 시기였습니다. 그 당시에 왜 '언택트'라는 말을 키워드로 만들게 되었냐면, 시장 규모로 봤을 때 모바일 시장이나 e-커머스 시장이 굉장히 성장하고 있었습니다. 여기에 더해서 MZ 세대를 연구해 보니 젊은 소비자들이 백화점이나 전통 시장에 가는 걸 싫어한다고 이야기했습니다. 그 이유는 나한테 말을 거는 게 불편하다는 것입니다. 그런 연구를 바탕으로 했을 때, MZ 소비자들은 누군가가 나를 케어해 준다거나 응대해 준다거나, 내가 어떤 제품을 사야 하는지 물어보는 대면 거래를 꺼리는 성향이 있다고 볼 수 있습니다. 반면 라이브 커머스만의 즐거움은 실시간 소통입니다. 친구랑 이야기하듯 친근하게 대화하고, 제품에 대해 솔직하게 리뷰하고, 원하는 것을 즉시 요구하고 싶은 MZ 세대의 성향이 녹아든 것 같습니다.

이러한 변화를 빠르게 포착해 소비자와 한층 더 긴밀한 소통에 나선 기업을 찾아가 봤다. 세계 최대 홈퍼니싱 기업 I사. 특유의 디자인과 합리적인 가격 그리고 전례 없는 DIY 제품 판매로 많은 고객층을

예측할 수 없는 미래 사용설명서

확보하고 있는 회사. 고객들에게 보다 특화된 홈퍼니싱 서비스(Home furnishing, 가구나 조명·침구·인테리어 소품 등으로 집안을 꾸미는 것)를 제공하기 위해 다양한 시도를 펼치고 있던 중, 코로나19 상황과 급변하는 소비자의 니즈, 유통 트렌드에 발맞춰 한국과 미국에서 라이브 커머스를 시범적으로 선보이게 됐다.

안톤 호크비스크 / 글로벌 홈퍼니싱 기업 인테리어 디자인 리더

"우리는 한국 소비자들과 많은 접점을 가지고 있습니다. I사 본점과 플래닝 스튜디오 이외에도 다양한 것들이 있습니다. 우리는 소

비자들에게 다양한 영감을 주기 위해 최대한 많은 '접점' 찾기를 시도했습니다. 이러한 글로벌 팬데믹 상황에서 우리는 소비자들에게 이전과는 다른 새로운 방법의 접근 시도가 필요했습니다. 그 결과 'Being live'는 소비자와 소통하는 데 좋은 방법이 되어줬습니다."

이 기업은 전문 쇼호스트 대신 소속 홈퍼니싱 전문가들이 라이브를 진행한다. 뿐만 아니라 대본 작성과 촬영, 호스팅까지 전 제작 과정에 직접 참여하고 있다. 라이브 커머스의 초점도 조금 남다르다. 제품 판매에 초점을 두기보다는, 인테리어나 집 꾸미기 팁과 같은 정보 전달을 중심으로 콘텐츠를 구성해 홈퍼니싱 제품에 관한 관심을 자연스럽게 끌어올리는 데 주력하고 있다. 때문에 소비자들의 반응은 긍정적이라고 한다. 마치 인테리어에 능숙한 친구가 팁을 공유해주는 듯 친근한 느낌을 받을 수 있기 때문이다. 이것도 소비자들을 분석한 결과 얻게 된 전략이다.

현지수 / 글로벌 홈퍼니싱 기업 커머셜 액티비티&이벤트 리더

"전 세계에서 한국과 미국에서 첫 번째로 한다고 했을 때 혹시 제가 실수할까 봐 많이 걱정됐습니다. 그런데 방송을 하면서 댓글들을 보면 매번 들어오시는 분들, 자주 들어오시는 분들이 계십니다. 소비자와 그렇게 소통하다 보니 또 친구 같아져서 요즘은 조금 편한 마음으로 재미있게 하고 있습니다."

제품과 서비스는 경쟁이 치열해지면 서로 비슷한 양상으로 흘러가 버리는 아이러니한 측면이 있다. 이 때문에 많은 기업이 자신만의 특수성을 부각하고 그것을 알리기 위해 고객과 소통하기 시작했다. 소비자들의 가치 변화와 라이브 커머스라는 유통시장의 지각변동을 적극적으로 수용하되 브랜드의 정체성과 방향성을 지켜나가는 것. 이것이 업계 최고의 자리를 오랜 시간 유지할 수 있었던 비결이 아닐까?

역시 기업은 소비자의 반응을 가장 중요하게 생각하는군요. 이처럼 유통업계가 라이브 커머스를 주목하는 이유, 교수님은 어떻게 시나요?

김병규 / 연세대학교 경영학과 교수
코로나19로 사람들이 오프라인 매장을 가지 못함으로써 이런 즐거움을 만족시키기 어려워지고 있습니다. 그리고 기존 쇼핑 플랫폼들이 도구적 소비는 철저하게 잘 만족시켜주지만 사람들에게 즐거움은 주진 못하고 있습니다. 그럴 때 등장한 게 라이브 커머스입니다. 그래서 라이브 커머스는 재미있고 때문에 사람들의 쾌락적 소비 동기를 잘 만족시켜주는 것입니다. 그런 면에서 기존 오프라인 매장이 하던 역할을 라이브 커머스가 하기 시작했다고까지 볼 수 있습니다.

안톤 호크비스크 / 글로벌 홈퍼니싱 기업 인테리어 디자인 리더

"현재까지 소비자들의 반응은 매우 뜨겁습니다. 새로운 소통 방식에 많은 이들이 반응을 보였습니다. 양방향 소통이 즉각적으로 이

루어진다는 부분에서 소비자들에게 많은 환영을 받고 있습니다. 결과적으로 소비자들에게 라이브 채팅 기능은 아주 유명해졌습니다."

라이브 커머스의 현장 속으로!

이번엔 공기 좋고 물 맑은 도시 강원도 춘천에 위치한 육류유통업체로 향했다. 고기 맛 좀 아는 이들 사이에서 요즘 가성비 좋은 채널로 소문난 이곳! 창고 안에 쌓인 것이 다 고기라고 한다. 라이브 방송에서 판매한 제품들을 포장하느라 분주한데 요새 저렴하고 양 많게 소개한 덕에 많은 고객이 찾는다고 한다. 지난 2020년만 하더라도 이곳은 단지 도매업체에 지나지 않았다. 판매량이 들쑥날쑥할 수밖에 없었고 따라서 매출은 지속해서 하락했다. 회사의 인터넷사업부 본부장이기도 한 일명 '고기아빠' 이국진 씨는 새로운 변화가 필요한 시점이란 걸 직감하곤, 2020년 초에 이름도 생소했던 라이브 커머스를 시작하게 됐다.

이국진 / 육류유통업체 인터넷사업부 본부장

"유통만 하다가 판로를 찾고 찾다 보니까 이런 라이브 커머스라는 게 있었습니다. 그래서 대표님과 같이 대화해서 도전하게 됐습니다."

고객들의 입속을 황홀하게 해 줄 고기들이 배송되고 나면, 스트폰

을 켜고 채널에 접속하는 이국진 씨. 저녁 7~8시 사이의 퇴근 시간대를 공략하는 것도 그만의 노하우다. 일반 직원이 퇴근하고 난 후 사무실에서 고기를 굽고 라이브 방송까지 하는 진귀한 풍경에 요즘 먹방러들의 필수템이라는 집게 먹방까지! 처음에는 허공에 대고 혼자 떠드는 게 부끄럽고 어색했지만, 이제는 고객들과 웃고 떠들 만큼 여유가 생겼을 뿐 아니라 주인공인 고기가 더 돋보일 수 있도록 늘 고민하고 연구한다고 한다.

요즘 유통 트렌드는 이처럼 소통이 큰 역할을 하고 있다. 그러나 고기아빠 이국진 씨와 같은 일반인들의 도전이 쉬운 일은 아니다. 이들의 용기 있는 도전과 열정은 단순히 트렌드를 쫓는 목적이 아닌, 생존이 달린 문제에 더 가까웠을 것이다. 방송 첫 달이었던 2020년 1월 매출은 약 4백만 원에서 정확히 1년 만에 약 15배 점프한, 6천여만 원의 수익을 올리고 있다고 하니 용기 내길 참 잘한 듯하다.

이국진 / 육류유통업체 인터넷사업부 본부장

"실수가 있었는지 모르겠지만 재미있게 했고 판매도 많이 이뤄졌습니다. 저희가 방송 예약을 걸어놓고 하는 게 아니어서 갑자기 켜도 고객님들에게 알림 문자가 뜹니다. 그래서 자주 많이 들어오십니다."

이태진 / 육류유통업체 대표이사

"변화를 해야 할 것 같아서 어떤 게 좋을까 하다가 매장 구매도 있지만, 요즘 인터넷 구매를 많이 하시는 추세입니다. 그래서 소비자들에게 직접 다가가는 게 좋겠다고 생각했습니다. 인터넷이나 홈쇼핑은 단방향인 반면 라이브 커머스는 채팅을 통해 고객과 소통할 수 있는 매력이 있어서 도전하게 됐습니다."

진심이 느껴지는 라이브 방송 잘 봤어요! 저도 알림 설정 꾸욱!
교수님께서는 일반인의 라이브 방송 도전을 어떻게 보셨나요?

예측할 수 없는 미래 사용설명서

김병규 / 연세대학교 경영학과 교수
라이브 커머스는, 소상공인들이 소비자와 직접 상호작용하고 의사소통할 수 있어서 자신만의 팬과 자신의 단골을 만들 수 있습니다. 그런 점에서 소상공인이 자기 자신을 지킬 수 있는 굉장히 좋은 방법이 라이브 커머스입니다. 그래서 저는 지금 소상공인들이 이 라이브 커머스를 굉장히 진지하게 생각하고 또 열심히 하셨으면 좋겠습니다. 그게 바로 자기를 지키는 방법이라고 생각합니다.

소상공인들이 명성을 쌓고 단골을 확보할 수 있는 차세대 창구인 라이브 커머스! 그러나 스마트폰에 능숙하지 않거나, 바빠서 번거롭거나 혹은 대중 앞에 나서는 것이 어려운 사람들은 이 또한 진입장벽일 수 있다. 그래서 이러한 고충을 해결해 주기 위해 이들이 뭉쳤다! 서울 대전 대구 부산 찍고 현장감을 높이기 위해 전국 팔도를 다니며, 특산물이 생산되는 산지에서 직접 라이브 방송을 하는 주인공들. 이른바 '산지 라방' 제작팀이다.

지역과 특산물에 맞는 콘셉트를 짜는 건 물론, 시청자들에게 아름다운 풍경까지 전달하기 위해 고민하고 있다. 코로나19로 인해 판로가 더 어려워진 지역의 생산자와 쉽게 여행을 다니지 못하는 사람들과의 연결고리로 나서게 된 것이, 어느덧 인지도가 쌓여 이제는 동에 번쩍 서에 번쩍 바쁜 스케줄을 소화하고 있다고 한다. 생산자나 유통업자가 방송에 직접 출연하여 소비자들의 궁금증을 풀어주기도 하고, 라방의 묘미인 이벤트도 꼼꼼히 준비한다. 먼 길을 다니느라 몸은 좀 고되지만, 금세 자식처럼 대해주시는 지역 어르신들의 정을 느끼고 또한 막막했던 판로에 작게나마 도움을 줄 수 있어 뿌듯하다고 한다.

마음을 나누러 움직이기 시작하는 유쾌한 산지 라방 제작팀을 따라 강원도 평창으로 떠나보자. 팀원들이 머리를 맞대고 열심히 콘셉트를 짜던 '황태 라이브 커머스'. 소소한 소품부터 촬영 장비, 큐시트까지 자연 스튜디오에서 펼쳐지는 손안의 홈쇼핑이 곧 시작된다. 산지 라이브 방송계의 '톱 왕홍'의 리허설이 시작된다. 멘트도 맛깔스럽게 구사해야 하고, 황태가 돋보일 수 있도록 앵글도 맞춰야 한다.

김진권 / 산지 전문 라이브 커머스팀 PD

"라이브 커머스 방송 중에 큐시트를 점검하면서 사이트에 문제가 없는지 확인하고, 최종적으로 상품 구성이나 가격 등을 체크해서 고객님들이 산지에 있는 식품을 집에서 편하게 보실 수 있도록 준비하고 있습니다."

한명진 / 산지 전문 라이브 커머스팀 리더

"산지를 다니면서 방송하기 때문에 되도록 산지에 어울리는 콘셉트로 준비하고 있습니다."

소비자들은 진행자의 정보와 언변술, 표현하는 감정 하나하나에 구매를 결정하는 경우가 많기 때문에 스텝들은 막중한 책임감을 가지고 방송에 임할 수밖에 없다. 또한 제품에 대해 누구보다 잘 아는 가공업체 관계자와 함께 시청하는 많은 분이 궁금해할 만한 내용이나, 채팅창 실시간으로 올라오는 질문들을 전문가의 입을 통해 해소하는 시간도 갖는다. 지역민들로부터 솔직하고 담백한 이야기를 듣는 것도 산지 방송의 장점이다. 이번에 라이브 커머스라는 걸 처음 알게 되었다는 가공업체 대표님, 방송을 결정하게 된 계기가 무엇이었을까?

이재환 / 식품가공업체 대표

"라이브 커머스란 것도 몰랐고 저는 그냥 도매로 팔고 그랬었죠. 이렇게 방송하면 황태나 먹태가 조금 더 많이 알려지고, 우리처럼 생산하는 사람에게 도움이 되지 않겠나 해서 하게 됐습니다. 방송해 보니 소비자들과 바로 소통해서 물건을 직접 파는 것도 신기했고, 앞으로도 지역 상품들을 많이 홍보하고 판매됐으면 좋겠습니다."

그 시각, 실내에선 또 다른 이가 무언갈 준비하고 있다. 황태는 역시 끓이고 지지고 볶으면 더 맛있는 법! 보기만 해도 속이 시원해지는 북엇국이나 황태로 할 수 있는 다양한 요리법을 알려준다. 또한 셰프의 미각을 통해 황태 맛을 더 생생하게 전달해 주는 서비스까지 TV 홈쇼핑 못지않은 알찬 구성이다.

한명진 / 산지 전문 라이브 커머스팀 리더

"코로나19가 시작되면서 소상공인들 그리고 수해를 입으신 분들이 계시는 산지를 우연치 않게 가 봤는데 너무 힘들어하시는 모습을 봤습니다. 농협이 아니면 팔 데가 없고 동네 장이 서야 팔아야 하고 온라인도 모르시고 스마트폰 사용도 잘 모르세요. '우리 농산물도 라이브 방송으로 팔아보고 싶어요.' 하시는 지역민들의 어려움을 돕고 산지의 아름다운 풍경도 시청자분들에게 전달해 드리고 싶었습니다. 소상공인들을 위한 라이브 방송을 위해 조금 더 쉬운 앱이 개발되거나 더 접근하기 쉽게 만들어서 많은 분이 라이브 커머스를 할 수 있으면 좋겠습니다."

예측할 수 없는 미래 사용설명서

사만다도 같은 생각이에요.
산지에서 라이브로 판매하는 방식, 더 활성화되려면 어떻게 해야 할
까요?

최지혜 / 서울대학교 소비트렌드분석센터 연구위원
판로가 어려운 분들을 위해서 정부 정책이라든가 혹은 정부 부처에서
지방에 계신 소상공인들, 농민들을 브랜드화하고 그분들의 아이템을
발굴하는 노력이 필요할 것 같습니다. 요즘 소비자들은 로컬 문화를
중요시하고 로컬 농산물을 선호하는 경향이 있습니다. 그러한 소비자
들의 성향이 더해진다면 대기업 중심으로 하는 플랫폼에서도 점차 로
컬 아이템을 발굴하려는 노력이 있을 것 같습니다. 이렇게 되면 선순
환 구조가 생성되지 않을까 생각합니다.

어느 날 불쑥 나타난 내 손안의 쇼핑 방송. 소매 유통업자가 설 수 있는 최전선에서 판매를 돕고, 합리적인 가격 측정과 손실률을 낮추는 중간다리의 '라이브 커머스'. 트렌드와 심리의 변화 그리고 언택트 소비가 일상이 된 지금, 라이브 커머스는 내일 더 강력한 무기로 떠 오를 것이다.